认字且识字，才不会成为“文盲”，
亦不会沦为乌合之众，混成“民”——集体无意识者。
好好识字，才可能活出尊严。

国学经典之美·赳赳说字系列

赳赳说千字文

胡赳赳 / 著

SPM
南方出版传媒
广东人民出版社

认字不识字，和文盲有什么区别

◎ 胡赳赳

1. 如今，许多人只知道汉字的引申义，不知其本来义

一个人有两种意义的故乡：现实世界的，精神领域的。而汉字是我们精神性的故乡，有了这个故乡，人走到哪里都止不住内心的惶惶。

如果你对汉字没有相当程度的体认和领悟，不知道汉字是一种“根文化”，你就不会有精神上的“文化自信”。既便有，也不能“心安理得”，更遑论“吾心安处是吾乡”。

时至今日，许多人只知道汉字的引申义，不知其本来义。所以，要回到汉字源头，从字根意义上，重新梳理、解释、印证汉字的流变。这是清代训诂、小学在当代的应用，其目的不是恢复旧传统，而是温故知新，把字中包含的学问、智慧说清楚。

许多人讲，为什么胡适那一代人写出来的文章有味道，今天的人写文章就失去了味道呢？固然是由于时过境迁，但没法回避的，是我们没有“文字学”的旧学功底，对于文字的运用，只知引申义而不知本来义，只知当今义而不知过去义，故此难以“拉开距离”，而只身陷其中。

虽然有论者用“粗鄙”来形容目下的文字生态，多少有些偏激，然而实在是莫大的警醒。我们一心要蜕变为现代人，但随着年岁日增，却又深深眷恋那刻骨铭心的传统，并把那条道路叫作“回家”。

我认为，汉字是一座富矿，其中不仅蕴藏着丰富的信息量，而且有开慧的功能存在，特别适合新一代少年人培育精神，增长智慧，明理懂事。

如今，如何在一个人心惶惶的时代强大一个人自得其乐的能力？如何培养自己尤其是青少年一代的精神定力——一个人自己待不待得住？会不会无聊时就坐卧不安？应该从什么地方着手？

其实，汉字里一直就根植着强壮中国人精神的“灵丹妙药”和洞察万事万物本性的大智慧。比如“德者得也”，告诉你道德的含义首先是你要“自得”；要“自得”，首先要“自律”。因为，道德是不能去“律他”的，要“自律自得”，自己受用，自己做到，别人才能心悦诚服，此之谓“教化”。所以说，“一字一智慧，字中有乾坤”。

2. 我们为什么容易被人利用，时常人云亦云

我做“赳赳说字”，是有痛点的。痛点在于：一，语言是思维的工具，有什么样的语言就有什么样的思维方式，但现在，我们的思维片面化，充满斗争的意识形态，是与我们的语言被遮蔽分不开的。粗线条、上纲上线、大帽子扣人、粗鄙化、语言暴力等，导致我们的思维简单、片面，容易被人利用，时常人云亦云。“狂热分子”和“乌合之众”的生成，首先是一套语言范式的生成。这套语言范式需要破除。

痛点之二是，在对文字的学习上，我们和文盲的区别不大。为什么这样说？新中国成立前，文盲率是 85% 以上。为了解决文盲率，开办小学，教“认字”。能读书看报、写信算账就毕业了。此后，一直沿袭下来，“文字学”没有，仍是教“认字”，而没有“识字”。这就像隔壁老王，你跟他住一个小区，你对他认而不识，他长什么样你知道，叫什么你也知道，在哪儿工作你也知道，甚至有事也会找他打听、找他帮忙。但除此之外，他的其他一切，他的历史，你什么都不知道。

目前，我们对文字的认识，就停留在对“隔壁老王”的认知水平。

什么是“认”“识”？两个字都是从战争来的，都和辨识武器有关，认短刀为认，认长戈为识；简单为认，复杂为识；陌生为认，熟悉为识。

现在，通过“扫盲”，文盲率只有 8.72% 了（2017 年两会数据）。但传统的小学训诂也就是“文字学”，消失不见了，仅存于中文系一点余脉。你敢说，对于一个文字的演进过程，对于被割裂的文字学现状，你真的不是文盲吗？这可能是全民要补的一节课。

痛点之三是，我们的很多作家，我们的很多文字工作者，为什么就比不上有旧学功底的前辈大师。我想了很多原因，最终归结于有一节课我们没补，就是“旧学”这一课。而旧学中的基本功，就是文字学。我们对文字的领会程度不够，所以写起来，其中未免少了很多味道。

要知道，文字穿越古今而来，有古今之用、变化之道。这个变化之道，我们完全是隔膜的。尤其是简化字又摆了一道，就更加不知道其来有自了。而文字中有造型之源，有义理之源，这个源我们不去找，就相当于面对一个地下矿藏，有基础能源而不去发掘。

当年胡适提倡“整理国故”，正是基于这样一种理由，自家矿藏不发扬光大，徒慕他山之石非学问之基。

自古以来，汉文字是从铁马金戈中、从征服外界中一路拼杀过来的。“认”是从陌生到熟悉，故《说文解字》中说：“认，顿也。”言语迟钝为认，学习的第一步都这样。识，则是习以为常，将熟悉的内容深化为理所当然之事，这就是学习的第二步。《说文解字》说：“识，常也，一曰知也。”知道常识，即为识。我们现在就是常识太少，偏见太多，思维简单，戾气满满。

认字我们都会认；识字可能得要从头学，“识字”是为了回到常识，这一块常识以前割掉了，现在要补回来——知道一个字的历史、来源，将其转化为常识。这样在应用上，水平自然就不一样了。

3.“赳赳说字”与《澄衷蒙学堂字课图说》有何区别

前几年我主持了《澄衷蒙学堂字课图说》（初版于 1901 年）的修复工作。这本书被称之为“百年语文第一书”，是有现代学校以来供小学生使用的第一本语文教科书，也是胡适、茅盾的启蒙书。这本书就是教六岁到十二岁的小学生认字和识字的，有3291个汉字。知道一个字怎么写、怎么念之外，也会用简短的注释告诉大家这个字的“义理”，这个义理就是从历代小学中提取的说文解字精华。读完这本书，当年的儿童小学毕业，就能打下相当良好的旧学功底。

没有“文字学”的旧学功底，能否“入宝山而不空手归”，能否藉由“文字学”找到回家之路？当年的孩子学得了，今天的人们也应该学得了。

（1）“赳赳说字”是《澄衷蒙学堂字课图说》的延伸版

有了《澄衷蒙学堂字课图说》的基础，我开始做“赳赳说字”。可以说，“赳赳说字”是《澄衷蒙学堂字课图说》的延伸版。但是，《澄衷蒙学堂字课图说》确实还比较浅显，如果对文字的脉络和见解发生兴趣，则需要自己投入大量的时间和精力，去挑选历代的字书来读，对大部分人而言，也的确是苦不堪言的事。因此，“赳赳说字”就把文字流变的梳理工作，承接下来了。

（2）从考据（科学）、义理（哲学）、辞章（美学）说字

和《澄衷蒙学堂字课图说》最大的区别，“赳赳说字”是用三个模板来建构对文字的解析的。它分为考据、义理、辞章。

考据就是科学，考证一个字的来源和变迁，没有定论的，给出各种合理的假说；

义理就是哲学，对一个字的字义，其中蕴藏的巨大信息量和智慧，生发为形而上的探讨，这其中就有传统文化的内涵；

辞章可看作是美学，古人在诗词典章中，如何创造性地运用这个

字的，并带给我们审美上的旨趣。假如不懂“秋”和“愁”两个字的来源，又怎么能真正理解“少年不识愁滋味，却道天凉好个秋”要这样写呢？

从字的角度出发，很多枝蔓，豁然开朗；微言大义，灼灼在前。

4.《千字文》，孩子读了开慧，成人读了不会沦为乌合之众

有句话是：不知礼，无以立。我做“赳赳说字”的体会是：不知字，无以得。本国固有之学术，假如不将文字之学梳理，只能是空中楼阁，断无根基的。如果只是浮皮潦草地活一下，一辈子很快就过去了，但我想这并非大多数人真正的心愿。

那么“赳赳说字”最终是选择了从《千字文》讲起。《千字文》是一部伟大的经典。今人对它的了解仅仅是儿童启蒙读物，一起称之为“三（字经）、百（家姓）、千（字文）”。但实际上，这部著作是相当了不起。关于它的传说也很多，有说它是一夜之间写的，有说写完它作者头发就白了的，有说是皇帝为了让皇子读书，让作者将大百科全书浓缩为一千个字的。

目前我们看到的《千字文》的确与传说很相印证，它真的用一千个字表达；每个字都不重复（简化前）；而且运用了对仗的手法；几乎每一个句子里都蕴藏着典故；通篇又见地、境界很高，有传统文化的魅力。

它在历史上的重要地位，使得它成为书法家最爱誊写的名篇之一。而且由于其长度和难度，也成为书法家挑战自己书写高度的一种方式（梁武帝赶走了达摩，固然不好，但他让周兴嗣撰写了《千字

文》，确有千古功绩。《千字文》后来便用王羲之的书法集字，供他的儿子学习）。

《千字文》全文共250句。其特点是每四字一句，四句一组，两组一韵，前后贯通，互不重复。首句为“天地玄黄，宇宙洪荒”，给人以寂寥和创世纪的宇宙图景。可以说，儿童的世界观就此建立起来了。

其内容可概述为四部分：生我之前的天地先王，我生之后的做人准则，我生之后的社会面目，我如何超脱处世。

这个一千五百多年前的范本，帝王之家供皇子学习的启蒙读物，“旧时王谢堂前燕，飞入寻常百姓家”，广泛在民间流传。它被认为是“中国社会乃至世界教育史上问世最早、流传最久、影响最大的蒙学教材”。

对我来说，“赳赳说字系列”之《赳赳说千字文》，是一种挑战。以前没有人这样一个字一个字地讲。大多是串讲，有不同的注释版本（但把每一个字讲透，不仅对于理解千字文，而最主要是对于“字学”，有一个通盘的认知）。

建立文字学的常识，不再阻隔于学院或研究者的书斋之中，对于社会的助益，自然是莫大的。但又要把握住其精髓，不能信口开河，任意发挥，沦落为“江湖派”。如何在“学院派”和“江湖派”之间，形成一个“文化派”，“赳赳说字”希望能探索出一条路子。

目前出版的“赳赳说字系列”第一部《赳赳说千字文》，是我修订过的讲稿，其后也会陆续出版。我最初讲“赳赳说字”的起意，就是想让孩子们对文字学扎下根来，更好地亲近国学。然而讲述的过程中，发现家长的热情更高，也有一些中小学和大学的教师，在认真地听讲，有些做了很系统的笔记。现在有了这套书，将会更加直观。也要感谢“紫图图书”的出版者，是他们对于文字巨大的敬意和热忱，使得它能早日面世。

5. 一点文字学常识

一，甲骨文的发现（1899），使文字学“有据可考”，也更改了许慎《说文解字》的一些“望文生义”，他未见战国前的字。但《说文解字》的价值仍然巨大，我认为至少80%是对的、有益的。

二，不要误认为甲骨文是中国文字的源头（三千多年前的殷商时期），甲骨文已经是成熟文字。但没有更早的信据，所以，只能从甲骨文开始讲。专家推测七千多年前的贾湖刻符（现发现约17例）或是文字的雏形。

三，甲骨文只是官方文件，记载礼仪占卜。同期毛笔竹简已经发明出来了，但实物不存。同期应还有简书及用其他材料书写的文字。

四，倾向于推测，甲骨文之前，文字和语言也是“满天星斗”的。一个社会的统一，形成了文字的一统。

五，先秦统一亦如此。六国文字不存，秦文成为一统，制篆定隶。

六，汉代的“今文学”即秦文所袭；“古文学”即六国文字所袭。《孔子家语》倾向于非伪书，而是六国文字所载的“古文学”。

七，文字是在“祭”和“战”中交错形成的，安居则祭，不安则战。故文字起源于祭战者为多。文字是迫于交流需要产生的，难于闲情逸致中产生。

八，鲁迅之《门外文谈》，大谈文字来历，其中有三昧，须详加发明。

九，简化字非一无是处，要公正看待。文字用则活，不用则死，妙用则神。

十，唐兰谓形声字初起在旧石器时代晚期的母系社会，因卜辞中地名、姓名中女字旁为多，如炎帝姓姜、黄帝姓姬、虞舜姓姚。而“舅甥”则为男。此说可信。

十一，从象形文字到形声文字为一巨变，由画字到写字，同时文字可以规模化。

十二，有什么样的语言就有什么样的思维方式，中国文字的“穿插”和建筑、家具的“榫卯”结构，以及人情世故中重视“关系”的文化是一致的。

十三，六书可以变为三书：象形、会意、形声。指事、转注、假借概念易混淆，交相驳杂，不能总括，难有定论。学有余力，可涉其旨。

十四，宜将文字看作一个生命体，有福寿夭病。如此方能解大惑。

十五，宜将文字看作一个全息的认知。一字一智慧，字中有乾坤。由字而文，由文而人，如此方是中国式的人文精神和人格保养。

目录 CONTENTS

壹

CHAPTER 01

『天地玄黄，宇宙洪荒』

“天地玄黄，宇宙洪荒”，天地对宇宙，玄黄对洪荒。这句话是说创世之初，天和地呈现的颜色分别是黑色和黄色的，整个宇宙在时间和空间的开端呈现一片洪水汪洋的感觉。

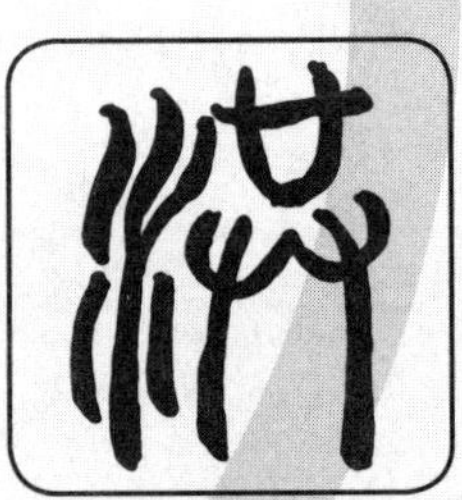

天

『一人为天』

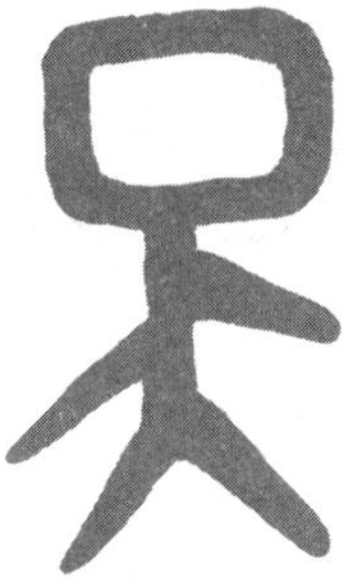

本义：人的头顶

“天”字看起来简单，但从文字学的角度来讲，如果知道了“天”字是怎么造出来的话，就会掌握一种大智慧，拥有一种大格局。

在甲骨文的写法里，“天”是一个人伸开手臂，像一个“大”（）字的样子，而“大”本身就是大人的意思，这个“大”上面还有一横（一），代表人的头顶。所以“天”的意思就是人头顶以上的东西。

“天”在甲骨文里还有一种写法，就是把“天”（）字上面这一横用一个代表空间的四边形代替，所以“天”也有人头顶以上的空间的意思。

我认为，《说文解字》里对“天”的解释最到位：“天者颠（巅）也。”“巅”就是头顶的意思（后来引申为山巅，就是山峰的意思）。

古人认为，如果两个字的音比较相近，那么它们之间是互通的，是可以互相解释（在训诂当中叫音训），比如说“天”与“巅”的音相近，所以《说文解字》对于“天”的解释就是人的头顶。

关于这个解释还有一个小故事：

鲁迅早年写《从百草园到三味书屋》的时候特别喜欢画《山海经》，他曾经画过一个怪兽一样的战士，这个战士在跟黄帝打仗的时候头被砍下来了，所以人们叫他刑天，意思就是头没了。这种情况下刑天怎么打仗？虽然没有了头，但是刑天用自己的肚脐眼当作嘴巴，用两个乳头当作眼睛，用自己的身子当头继续去战斗，所以刑天也被人们当作战神。

读完《山海经》里的这个故事，可以帮我们理解天有头顶这个意思。

天威不可测——“至高无上曰天”

在《说文解字》里，对“天”还有一个非常重要的解释：“至高无上曰天。”所谓至高无上，可以理解为无限高，最上面。我们如果发挥空间想像力，所谓“至高无上曰天”，就是说天的高度是无穷无尽，无法比拟的。

所谓天威不可测，意思是“天”自带有一种神圣性在里面，有一种威严神秘的、未知的色彩，代表着我们对宇宙、对世界、对未知的一种想像力。

不要违反天道——自然规律

平时大家说“天道”，那么“天道”是什么呢？用通俗的话来讲，“天道”就是自然规律，它并不神秘，比如我们白天要工作，晚上要睡觉；农业生产，要遵从天时来做事等，这些是自然规律。

敬天爱人，不要弄得天怒人怨

如果用两分法来划分“天”的含义，可以分为物理意义上的天和心理意义上的天。

物理意义上的天是指我们看到的天空、天气，我们能分辨出来的阴天、雨天、晴天等。

心理意义上对天的描述是什么？比如“民以食为天”——天底下最大的事情就是吃饭，它是最重要的，至高无上的。

还有一种说法是道德和意志上的天，比如古人说“获罪于天，无所祷也”，就是说当你连天都得罪了，再怎么祈祷都没有用了。所以古人要求人们要敬天爱人，不要弄得天怒人怨。

尊重自己的天性

“天”还有一个意思就是天然、自然；天性、巧夺天工。古人很重视天性，因为人经过后天的学习和熏染后，会有很多改变，能力变强了，但可能天性一步步丧失了。

天性中自然的东西是最美好、最高级的，所以即使你能力再强，技术再好，也不如发挥天性的东西，这也是为什么很多成年人看到孩子们写的字、画的画后，常常大吃一惊的原因，因为孩子的作品里没有丢掉天性、天然的东西。

在中国艺术里，质拙天然是个很高的境界，一个人往往要经历很多年的练习和顿悟才能做到，因为，找到属于自己的那份天然不是一件容易的事情。

天行健，君子以自强不息

乾卦是《易经》中一个非常重要的卦象，说白了就是天的意思。

乾卦中说："天行健，君子以自强不息。"说的就是天的状态是一直在运动的，所以我们作为人也要自强不息。实际上"天行健，君子以自强不息"这句话里面还蕴含着"天人合一"的思想。

地

我们为什么把土地比作母亲

本义：生殖、生生不息

有个成语叫脚踏实地，因为只有脚踏实地，我们才能感到踏实、安心。

“地”这个字很有意思，左边是个“土”，右边是个“也”。

从甲骨文的字形上看，“土”（）就是一个植物的芽从地面上刚刚长出来的样子，所以“土”的本义就是植物破土而出的状态。

另外，在篆文里，“也”（）是女性生殖器官的象征。

通过对“土”“也”的分析，我们知道了“地”有生殖、生生不息的含义，在篆文里写为。此外，“地”还是一个形声字（“土”是形，右边的“也”是声，在古代读作“yǐ”）。

土地、母亲，皆厚德载物，生生不息

《易经》中，有一个坤卦是专门说“地”的：“地势坤，君子以厚德载物。”坤卦是什么意思呢？指做人要像大地一样，要将自己放在一个特别低的位置，同时又能厚德载物——你种什么它就长什么，即使你对它不好（比如说环境污染、乱砍滥伐等），它也不去说，只默默地做好自己该做的事。而我们的妈妈也像土地一样厚德载物，具有坤德。

地方、见地、心地

“地”还有一些引申义。比如说我们想表示方位的时候，就会说地方。“地方”这个词后来也有很多其他的引申义，比如说与中央相对而言的就叫地方。

此外，还有一些与“地”有关的词组，比如说见地。见地是说一个人在某一个领域里头很有见识。

心地则是指一个人的存心、用心。

延伸阅读：为什么仓颉（cāng jié）造字时，“天雨粟，鬼夜哭”

当我们开始对汉字发生兴趣，探究汉字是怎样被造出来时，我们就可以理解为什么古人说仓颉（仓颉是黄帝时期造字的左史官，观察星宿的运动、鸟兽的足迹，依照其形象首创文字，革除当时结绳记事之陋，被尊为“造字圣人”、“文祖仓颉”）造字的时候出现了“天雨粟，鬼夜哭”——粮食从天上降落，像下雨一般；鬼害怕被书文所劾，因而在夜间哭泣的现象。这是因为汉字中包含着大量的信息、能量和智慧，也隐藏着伪诈之术。而造字，就像打开了潘多拉的盒子。

玄

掌握万物玄机，
方能随机应变

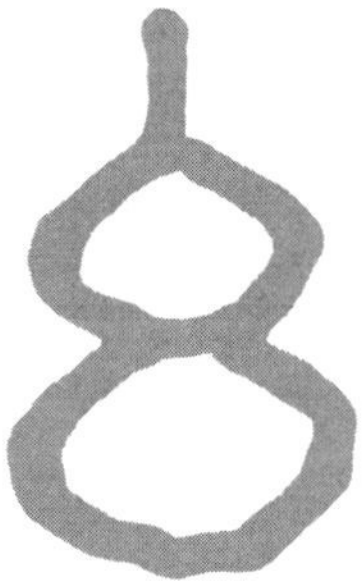

本义：编草绳

现在，我们读古人写的书往往觉得很玄，看不懂，为什么会觉得“玄”？“玄”字里又蕴涵着什么玄机呢？

在《千字文》的开头“天地玄黄”一句中，“玄”是指黑色或者略带赤色的黑色（当然，这句中的“玄”还有更深远悠远的意味，而所谓玄黄就是黑和黄）。

“玄”字为什么在《千字文》里指黑色？这与“玄”字字形的第三种解释有关——“玄”是线扎起来的样子，把线扎起来是为了染成黑色（“玄”字最上面那一点就是线的末梢上没扎住的部分）。

另外，关于“玄”字，目前还有两种说法。

第一种：“编草绳”（象形字）。

金文中的“玄”（）从字形上看，最上面出头的小竖是新续上的草，还没编进绳子去，下面两个圈是已经编好的绳子，所以本义是

编草绳——将一根根草编成绳子，编完一根再续上一根。

第二种：“把小东西盖起来，不让人看清楚”。

“玄”的下半部分是个“幺”字——“小”的意思，上半部分的“一点一横”是把下面的小东西盖起来，让人看不清楚。

以上这些说法都比较有趣，但也有可能是后人的附会，不可全信，但是知道了也挺好玩的。因为“玄”字除了有黑色这个本义以外，还有一个编绳索的意思。

“玄黄”

《诗经》中有“陟彼高冈，我马玄黄”一句，意思是说马爬山坡爬得太累了，以至于头晕目眩，看不清东西。当然也可能是指骑马的人看不清楚，所以说“我马玄黄”（放到现在来讲，有点儿像我们跑步过度后的头晕目眩，看不清场景的表现）。

《易经》中有句话叫“龙战于野，其血玄黄”，意思是说双方混战得很激烈，让人眼花缭乱（在这里，“玄”实际上是黑色，里头还隐隐约约夹杂着一些赤色。其实，玄色和黑色是相近的两个颜色，但是又不完全一样）。

玄机、玄学、玄门

“玄”的第二层引申义是变化，也可以指玄机。

《菜根谭》中有句话叫“机里藏机，变外生变”，意思是很玄乎，难以捉摸。这里的“机”指的是玄机，“玄”的意思就是变化。

“玄”字变化的这层意思在《老子》中体现得特别彻底。《老子》中说“道可道，非常道；名可名，非常名”，又说“此两者同出而异名，同谓之玄”。意思是“玄”可以用来形容《道德经》里头很重要的一个概念“道”，有的时候也可以用来形容另外一个概念“名”，所以称“玄”为“众妙之门”。

“玄”字在魏晋时期引申为一门学问，叫玄学。玄学家喜欢研究《易经》、《老子》、《庄子》，所以这三部书被称为“三玄”，而道家谈玄最多，所以如果一个人皈依了道教，就说他入了玄门。

玄武门（北门）、“玄孙”、“玄冰”

“玄”还有方位的意思，代指北方。历史上著名的“玄武门之变”——唐太宗李世民就是在玄武门（北门）通过兵变打败了他的兄弟，最后顺利登基。玄武门指的就是北门。

另外，在人的血缘关系中，有“玄孙”一词。有时候别人要考你玄孙是哪一个辈分，那你就要知道“玄孙”指的是孙子的孙子。“玄”在“玄孙”一词中的引用指的是时间悠远。因为孙子的孙子从辈分上来讲已经隔了三代，而一般人家的长者看到隔了好几代的孙子的可能性很小，因此形容时间悠远。

还有“玄”字在古代的用法很灵活，不像现在的字义那么明确。比如说“玄冰”，我们很容易就想到是很厚的冰。因为“玄”有不可测的意思，所以不可测就意味着深，深水变成冰就是很厚的冰。

又如“玄远”，既有很深奥的意思，又有意味深长的意思。

再如“玄夜”，指的是很黑的夜，但还指人情绪上的寂寥深沉，有着很强的感情色彩。

黄

土地的颜色

本义：箭靶的靶心

《千字文》中最开始的四个字是“天地玄黄”。“玄”是指天的颜色，那么“黄”就是地的颜色。

“黄”的本义是指箭靶的靶心，在甲骨文中的写法为。为什么？因为古时候，人们为了使箭靶的靶心看起来很醒目，就将它涂成了黄色，所以后来“黄”引申为黄色的意思。

“信口雌黄”、“枯黄、黄落”是什么意思

生活中，我们常说这个人信口雌黄。“信口雌黄”通常指某人爱说大话、说胡话、说假话。

那“雌黄”是什么？指的是一种黄色的矿物颜料，而古人写字用的纸也是黄色的，写错了就用雌黄涂改再写，所以“信口雌黄”就是

胡涂乱改，胡说八道的意思。

我们还常说“树叶枯黄了”、“草木黄落”。枯黄实际上也是指“黄”的一种状态，因为和“枯”联用，所以草木黄落指的就是草木枯萎，发黄了，叶子落了。

“黄口小儿”、“黄花闺女”、“黄发垂髫”

有一个词叫黄口小儿，“黄口”为什么就是小儿呢？其实“黄口”最初说的是雏鸟，因为雏鸟的嘴是黄色的，跟年龄相关。

《淮南子·汜论训》中说道“古之伐国，不杀黄口”，意思是说攻打别的国家，不能把人家国家的小孩子也杀掉，否则就太穷凶极恶了。

陶渊明在《桃花源记》中也提到“黄发垂髫并怡然自乐”，这里的“黄发”指的是老人。老人一般是白发，但是将头发干枯的样子称之为“黄发”，比喻年纪很大。而“垂髫”指的是小孩子的头发没有扎起来。这句话综合的意思是说老人和小孩子都很快乐。

“黄”与年龄相关，既可以指黄口小儿，也可以指黄发老人，有时候还用来指黄花闺女、黄花少女等。

同样是黄色，但是放在不同的年龄段里，就有不一样的意思，黄发、黄口、黄花所指的人的年龄和性别都不一样，这也是中国汉语博大精深的一面。

为什么要说“事情黄了”

有时候我们说“事情黄了”，就是指事情没办成，向不好的方向发展了。这里的“黄”实际上也与颜色有关，取的是树木枯黄，万物凋零的意思。

黄色为什么成为皇家贵族的专用颜色

黄色后来成了皇家的专属颜色，有尊贵的寓意，什么贵重的东西都用黄色布包着，但并非从古至今都如此，比如秦朝尚黑。在汉代，五行观念日盛，形成尚五色对应尊五德。后来黄色成为皇家贵族的颜色只是文化上的积淀和流变。

“黄袍”作为帝王专用衣着源于唐朝。唐高祖时就曾“禁止庶不得以赤黄为衣服”。唐高宗时又重申“一切不许着黄”。黄色成为皇家专用颜色延续到清朝。

黄色被视为君权的象征，原因在于黄色在五行中为土，在五行中，“土为尊”。以汉族为主体的统一王朝处于“中央土”的帝国，而有别于周围的“四夷”，这样“黄色”通过土就与“正统”，“尊崇”联系起来，为君主的统治提供了“合理性”的论证。

“黄色”是怎么变成“色情”的代名词呢

现在，黄色为什么又变成色情的代名词呢？这与东方的传统就没有关系了。近现代以后，西方有些报纸经常刊登一些凶杀、色情、暴力等小道消息和绯闻，且用于刊载这种新闻的纸就是黄色的，所以就把这些内容叫作“黄色新闻”。民国时期，“黄色新闻”的概念传到中国来，黄色就有了淫秽色情的意思，慢慢就成了一种贬义词。所以黄色有色情的意思，实际上是中国近现代以后受西方的影响而产生的。

宇内事即吾家事

宇

本义：屋檐

“宇”字在造字之初，是内外结构的字。在金文中，“宇”（𠂢）看上去像个小房子，从上、左、右三个方向包住了里面的“于”字。因此“宇”字和房屋有关。和房屋有关的字大多有这样的字形结构，如“家”（）、“室”（）、“宫”（）等。

实际上，“宇”的本义是指房子的屋檐（我国古代的房屋都是坡屋顶，而屋檐就是房顶最外、最低的部分，一下雨，水就从屋檐流下来。而现代的建筑很多是平顶，做雨水管道，渐渐就没有屋檐的概念了）。

“屋宇”、“庙宇”、“在人屋檐下”、“国境”、“声震宇内”、空间

后来，“宇”的意思不仅指屋檐，还代指整个房子，比如“屋

宇”，就是房屋的意思；“庙宇”就是寺庙建筑。而“在人屋檐下”的屋檐，不仅仅指屋檐，也可以指代家。“在人屋檐下”也可以解释为在别人家里，在别人的地盘上。“宇”也可以指国境。

形容一个人名气很大，就可以说“声震宇内”，意思是名声大到全国都知道。这个意思也是从“屋檐”的本义中引申出来的。

杜预（杜甫的先祖，三国末期名将）说，“于国则四垂为宇”，这句话很形象地说明了屋檐的功能（屋檐就像是屋顶，有遮风挡雨的功能，而屋檐是屋顶垂下来的部分，因此“垂”字有庇护和威慑的双重意思，用黑帮片里的话说，就是“罩得住”）。

屋檐在房子的最外围，如果我们看平面图，把外围屋檐的范围划定了，基本就知道了这座房子的占地面积。因此“宇”字还引申为空间概念。

古人说“上下四方曰宇”，意思是“宇”可以指所有的空间。“四方”是个泛指，指所有方向，而每个方向延伸出来的空间都被包含在“宇”之内。

“眉宇之间”“器宇轩昂”

以上是“宇”字的意思从一个小屋檐扩张到整个宇宙。“宇”还可以往小的方向讲，比如说一个人“眉宇之间”有一股英气，那是在形容人的容貌、神情。而说到一个人“器宇轩昂”时，“宇”的意思就指人的气度、气象了。

中国有看面相的传统，看人面相的时候，两眉之间是很关键的部位，所以，“眉宇”大致就指眉毛、眼睛这个范围。

其实，眉毛与屋檐的功能有相似之处。屋檐是为了阻挡雨水进入屋内，而从人的生理构造上讲，眉毛的功能也是阻挡雨水流到眼睛里去。

实际上，每个字义的演变、扩充都是有逻辑的，只是后来我们不去认真探究罢了。

我们可以回头看一下，“宇”字从一个小小的屋檐开始，引申出多少内容。往小里说，到人的眉宇、神情，往大里说到整个宇宙。

宋代哲学家陆九渊说：“宇宙内事乃己分内事，己分内事乃宇宙内事。”意思是人和天具有同构的关系，因为结构是一样的，所以能共振，有共同的结构秩序。所以宇宙并不完全从外在囊括着我们，我们自己就是个宇宙。

有些人把他的思想“宇宙即吾心，吾心即宇宙”简单化，批判这是主观唯心主义。这些东西，考试的时候不弄错就好。但我们要清楚，古人不是傻子、痴人，他们话中的智慧，我们还是要用心体会的。

宙

活上一辈子，已经可
歌可泣，夫复何求

本义：无穷尽的时间、房屋、最远的地方

“宙”字有以下几种解释。

第一种：“古往今来曰宙。”

“宙”指所有时间（“宇”指所有空间），所以“宇宙”这两个字无所不包。

第二种：“宙，栋梁也。”

这种说法和“宇”字屋檐的意思也是对应的，指房屋的结构，也可以指房屋本身。在甲骨文中，“宙”有两种写法，一种是，强调“宙”的建筑特征；另一种是，表示支撑屋顶的支架。

第三种：《说文解字》中对“宙”的解释。

“舟舆所极覆也”，就是“船和车所能到达的最远的地方”，这也表达了一种空间概念。“最远的地方”一定是非常远，远得没办法到达。

对这句话还有另外一个解释，就是把“覆”字当作“复”字的通假字，指重复，复位，回到原来的地方。这样理解的话，那么中国古人已经意识到地球是圆的，甚至宇宙是圆的，朝着一个方向不停地走，就会回到原来的地方。

说起宇宙，人类会感到震怖

无论“宙”是指什么，所指的范围都非常大，大到什么程度呢？大到无法计算。庄子说：“有长而无本剽者，宙也。”（这里的“长”不是指长度，更多的是一种方向的意味，即古往今来，从古到今的时间流逝的方向。“无本剽”的意思就是无始无终；“本剽”即本末、始终，所以这句话的意思是时间是不断流逝，无始无终的。）

所以，有一个叫“宙始”的词，指的就是最古老的时代，即最初的最初，那会儿连人都还没有，一切都难以推测。

现在“宙”成了一个时间单位，确切地说，它是最大的地质时间单位（现在的时间都是以人类的存在和发展为标准来划分的，我们常用的时间单位有秒、分钟、小时、天、月、季、年，再长点儿的就是世纪；如果我们以地球的存在和变化为标准，则会用另一套时间系统——地质时间来划分，它是远远超过人类时间单位的）。

所以说起宇宙，人类只能是震怖的，因为它太大、太古老、太难以理解了。

面对无始无终的宇宙，做一个有限的人足矣

前面说了，“宙”是最大的地质时间单位；最小的地质时间单位是“期”，“期”上面还有“世”，“世”上面还有“纪”（比如白垩纪、侏罗纪），“纪”上面还有“代”（古生代、中生代），“代”上面才是“宙”——“期”“世”“纪”“代”“宙”。

而我们人类所在的是“显生宙”。

这个“显生宙”出现多久了呢？五亿多年！所以，即使把人类的历史再往前推个一百万年，对地球的时间来说也根本不是一回事。人类在宇宙中的历史，非常的短，就是一转眼的工夫。但这还只是以地球的存在时间范围内看的，要是以宇宙的时间范围来看，那就更不值一提了。

但我们也不用为此感到人生虚无，因为“宇宙内事乃己分内事”，“宇宙即吾心”。现在的物理学、天文学、地质学对时间的解释，只是一个知识系统的解释。人怎样确立自己的意义，树立自己的价值，还要看我们自己。

面对无始无终的宇宙，做一个有限的人，可以为之欣喜，也可以为之痛哭，所以，活上一辈子，已经可歌可泣，夫复何求？

洪

从『洪水』到『洪福齐天』

本义：洪水、大

“洪”与水有关。《说文解字》说：“洪，洚水也。”（“洚”和“洪”是同源字，也曾读作“洪”，两个字可以相互解释。）所以，“洪”的本义是洪水，在篆文中写为，表示多流并发。我们比喻一样东西很可怕，来势汹汹，就称之为“洪水猛兽”（《水浒传》开头就讲洪太尉误闯禁地，放出了三十六天罡、七十二地煞，加起来正好是水泊梁山一百零八条好汉。这一百零八条好汉对宋朝政权来说就是猛兽。洪太尉这样的人就是洪水。《水浒传》一开头就拉开架势，用这个隐喻告诉读者，要出大事了，天下要乱套了）。

洪水一直以来都威胁着人类的生存，我国上古就有大禹治水——那时候就要对付洪水。但大禹也不是最早治水的人，在他之前，还有他的父亲鲧。但传说中，最早治水的叫“共工”，也是水神。

《千字文》中，“宇宙洪荒”的“洪”指的并不是洪水，而是大的意思。意思是大荒，非常“荒”，极其荒，有很强的感情色彩，因此读出来也很有感觉。但是，把洪荒的“洪”理解成洪水也可以，因为地球在最古老、最“荒”的时候，什么都没有，表面只有水，而且那时的水，就已经大得不能再大了。

几乎所有的神话系统里，东方的、西方的，都有关于大洪水的神话。而“治水”总有一种创世纪的意味，也可以说，人类发挥自己万物灵长的权能的最初尝试，就是跟天地颉（xié）颃（háng）和自然力对抗了。

“洪亮”、“声如洪钟”、“洪福齐天”

由于洪水是指很大的水，所以“洪”字就逐渐和“大”联系起来了，特别是跟声音联系起来的时候，比如嗓门大，声音清脆，就可以说声音“洪亮”，“声如洪钟”。“洪”的读音也很有气势，“洪”，轰的一声，很有威慑力。

后来“洪”字中大的意思就引申到其他地方了，比如“洪福齐天”。福气跟天一样大，那命一定好得不得了，“齐”就是“和什么同等”的意思。孙悟空自称“齐天大圣”，意思就是老子跟玉皇大帝是一个辈分的，你玉皇大帝也不能小瞧我。

延伸阅读：什么是反切[1]法

“洪”字是很典型的形声字，左边三点水，表意，右边的“共”取声。“共”和“洪”的韵母是一样的，现在的汉语拼音可以很容易地表示出来，但古人要讲一个字的字音却没那么方便，直到反切法出现，才算有了一个比较直观而简单的表示方法。

1 所谓“反切”，就是在表示一个字的字音时，通常要援引另外两个字的读音，取前一个字的声母和后一个字的韵母。比如用反切法解释“洪”字的读音时，可以解释为“户工切”，把“户”的韵母拿掉，“工”的声母拿掉，剩下的音拼起来读，就是“洪”的读音。我国古代的字典常用这种办法来注解一个字的读法。明白反切的原理，大家以后查古汉语字典，或者读一些带“注”的古文，就方便多了，起码能读出一个字。

荒

地荒了不长庄稼，人

『荒』了不干正事

本义：无人的沼泽地

现在，常有人说“我已经用上了洪荒之力”，“我已经控制不了体内的洪荒之力了”。那么“洪荒之力”是什么意思呢？

简单点儿讲，就是大绝招，最厉害的一招；另外也可以说成“吃奶的力气”，有“拼尽全力”的意思。理解“洪荒之力”，关键要理解“洪荒”这个词，“洪”字有“洪水”、“大”的意思，而“荒”字的含义非常丰富，用法也很多，但它的本义很具体，就是指无人的沼泽地。

在古代，“荒”通“巟”；“巟”也念“huāng”，意思是洪水过后，人都走了。后来，在金文中，“巟”字加了草字头（），演变成“荒”（），意思就是洪水退了，没人的地方就长草了（我们看一下去掉草字头的“巟”，上面一个“亡”，下面一个“川”；“川”是

水，而“亡”说的不是死亡，而是离开、消失。什么消失了呢？是人消失了）。

放纵、蹉跎、灾荒

现在，我们说的“荒地”就是指没人居住、打理、耕种的土地，比如中国北方以前的“北大荒”。

土地一荒就长草，人要是荒了呢？

所谓人“荒”了，就是放任自流，没有打算，舒服一天是一天。所以“荒”字还引申出了“荒废时日”、“荒淫无度”这些词形容人“荒”的状态——所谓地荒了不长庄稼，人“荒”了不干正事。

不管是土地还是人，一旦“荒”了，就不会有收成。所以“荒”也有灾荒的意思，没有粮食吃，这可是大灾。

但从现在来讲，“荒”是个褒义词，它与环境保护有关，为什么？因为“荒地”实际上就是保护地球生物多样性的“三大生态系统之一”的湿地，由于这里没有人类活动的痕迹，所以水鸟、水草等各种物种都很丰富，很多候鸟也会在这里栖居，因此“荒地—湿地”是非常好的大自然的保护区，有时候也会被称之为“地球之肾”。

什么是“心慌”

在古时候，“荒”可不是个好字，它含有贬义，而现在“荒”字的运用中会有一些不同含义，有褒有贬，这都是一个字在词性的运用上的变化。比如说“荒”字加个竖心旁，那就指人的心很慌，没有主意。当人心里像长草了一样——心乱如麻或者心里没有边、空荡荡的没有着落的时候，就是心慌的感觉。

说谎的“谎”和荒凉的“荒”之间有什么关系

当我们在了解了一个字的时候，可以自己琢磨一下它的延伸字，比如说谎的“谎”和荒凉的“荒”之间有什么关系？

在篆文中，“谎”（）是言字旁，那么它跟发音、说话有关。“说谎”的意思就是这个人说的是没边的事，说的是空无不实的事。这个意思也是“荒”字的引申义。

所以，只有当我们掌握“荒”的本来意义，我们才会知道什么是洪荒之力，什么是心慌，什么是说谎，什么是谎言。

那么谎言会不会长久呢？谎言不会长久，在历史上，谎言只能够逞一时之快而不会长久，这也是一个大自然的法则。

什么是“地处荒僻”、“荒服”、“荒唐”、“荒诞”、“荒古”

“荒”后来也有远的意思，地荒了，没有人，但不是所有地方都没有人，人可能在别的、很远的地方。所以“地处荒僻”指的就是某地方人迹罕至。

我国古代有“五服”的说法。在这里“服”是指空间单位。

在周代，以周王的直辖区域为中心，向外辐射，分成“五服”，一“服”即五百里，最外围的一服，就叫“荒服”，“荒服”离周王的直辖区域有两千多里，所以常常管理不到。因此对于中央行政权力来说，这块区域就像荒地一样。

“荒服”地区也不是没有人，但他们一般被看作“夷狄”，是野蛮、不开化的。所以，“荒”也有原始、不开化的意思。在自认为有文化的人看来，不开化的人的举止行为都显得怪异，常常会干出一些奇怪的、不合情理的事出来，所以就有了“荒唐”、“荒诞”这样的词。

“荒”字从空间上的“远”引申到时间上的“远”，就有了“荒古”这样的说法。

总释

『天地玄黄，宇宙洪荒』

“天地玄黄，宇宙洪荒”是一个对仗，天地对宇宙，玄黄对洪荒，这是古人写文章的一种方式。对仗能够让汉字、汉语特别地铿锵有力，产生对照和整齐的美感。这句话是说创世之初，天和地呈现的颜色分别是黑色和黄色的，整个宇宙在时间和空间的开端呈现出一片洪水汪洋的感觉（当然，这是我们先人的一种想像）。

这句话不仅运用了对仗，还运用了典故（所谓用典就是借用古代的文献或者论述来完成自己的表达）。“天地玄黄”最初来自于《易经》，意思是天地未分，玄黄交杂，无法分辨的样子。

“宇宙洪荒”则来自杨雄的一篇文章，里面用的是“洪荒之世”。

贰

CHAPTER 02

『日月盈昃，辰宿列张』

“日月盈昃，辰宿列张”这八个字讲述的是天体变化，日月星辰的运行规律。我们每天张开眼睛要面对的就是“天文”，我们的日子也是在这个“天体轨道”上一天一天地过。

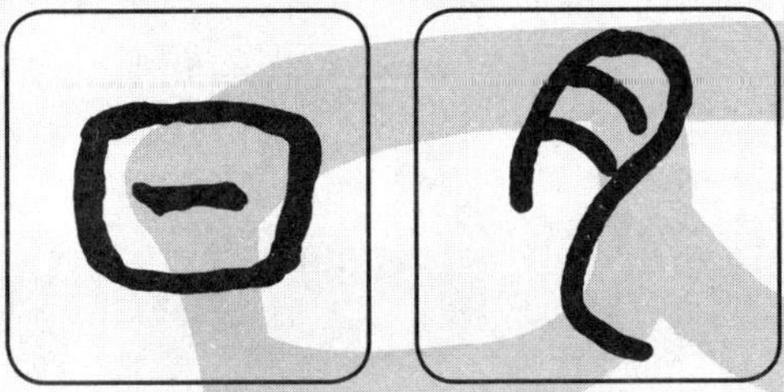

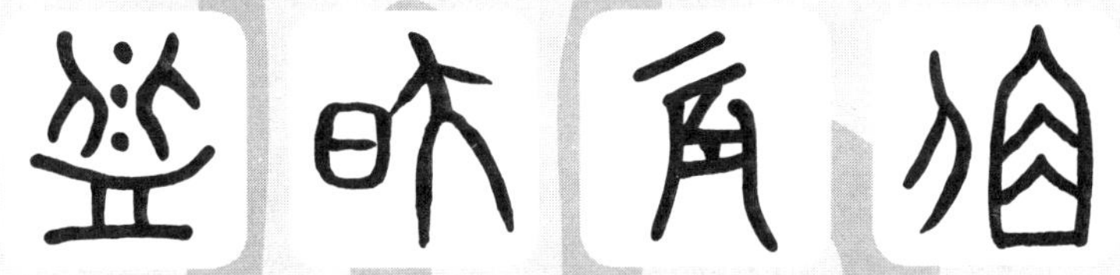

日

活着就要日新月异

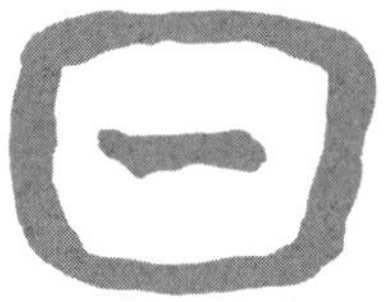

本义：太阳

“日”的本义很简单，就是太阳，在甲骨文中为。

《说文解字》说：“日者，实也，太阳之精。”意思是“日”代表着阳，阳又代表着实（月代表着阴，阴则代表着虚）。

一日就是一天——“日常生活”、“日子”、“苟日新，日日新，又日新”

在“日常生活”一词中，“日”又代表什么呢？它代表着我们每天的生活，所以“日”又有天的意思，一日就是一天，地球自转了一周。

我们平常说的要好好过“日子”中的“日子”是什么意思呢？

“日”也指天，“子”就是每个时辰，每个小时，是一种计算时间的方式。所以叫过日子——把握住每时每刻，过好每一天。

古人很提倡一种生活方式：“苟日新，日日新，又日新。”什么意思？如果一天是新的，那么每天都是新的，将来的一天还要是新的。这也体现“天行健，君子自强不息”的一面——活着就要日新月异，不停地刷新自我，不停地进行创造。

延伸阅读：“东方既白”、“大伯”

“日”还延伸出一些字。比如说“白”。“白”最早的意思就是指太阳将出未出的颜色。在篆文中，“白”（）字形采用“入”、“二”会意，表示颜色。“东方既白”就是天边出现了一片鱼肚白。

“白”字同时还有最初的意思，后来为了指代人，就在“白”的左边加一个单人旁，变成“伯”，篆文写为。如“大伯”，就是指父亲的哥哥。

还有元旦的“旦”，篆文写为，上面一个日，下面一横代表地平线，就是太阳刚刚升出地平线的状态。“旦”字和“白”字表达的状态正好是一个动态的连续，“白”是太阳将出未出，“旦”是太阳跃出了地平线的状态。

月

无月不成诗

本义：月亮

日和月是轮流值班的天体。白天我们看到的是太阳，晚上我们看到的是月亮。

在甲骨文中，“月”（）是个象形文字（因为月有阴晴圆缺，所以古人画月亮的时候就不能画成圆的，否则会误以为是太阳，因此古人就将月亮画成一个半圆状）。

所以“月”的本义就是指月亮（古人认为它也是发光的天体，所以常与表示太阳的“日”连用）。

很多跟身体有关的字都是月字旁

很多跟身体有关的字都是月字旁。比如朋友的“朋”，为什么

“朋”写为两个“月”呢？有人解释说是因为两个人长年累月在一块，所以是朋友。

其实这个解释不对，在古代篆文中，“月”（）和“肉”（）的写法几乎相同，但有细微不同：“月”（）内部是平行的两横；“肉”（）内部是“仌”形的两道折笔。而在合体字中的月字旁通常表示的是“肉”而不是“月”。朋友的“朋”是左边一个肉，右边一个肉，肉挨着肉称之为朋，搂搂抱抱、拍拍打打，表示两个人很亲热、很亲密的样子。

还有后背的“背”（）上面是“北”，“北”乃“背”之本字，后假借作方位之“北”，才生出有今指人体某部分之“背”。表示两个人背着身，下面的“月”也是个肉字旁，表明是跟身体有关的一个字。

“吾心似秋月，碧潭清皎洁。无物堪比伦，更与何人说？”

“月”字是中国古代文学当中运用得最多的一个字眼，可以说“无月不成诗”。像李白的“举杯邀明月，对影成三人”；苏东坡的“明月几时有，把酒问青天”；诗僧寒山的“吾心似秋月，碧潭清皎洁。无物堪比伦，更与何人说？”所以，“月”出现在中国的古代诗词当中，那真的是美不胜收，既具有文学性，体现在花容月貌、花前月下、春江花月夜一系列这种美好的描写中，同时又具有哲理性，对道的世界的追问。

『盈盈一笑』

盈

本义：满溢

“盈”字，上半部分是“乃”字，“乃”字里包着一个“又”字，下半部分是器皿的“皿”。

在甲骨文当中，“盈”（）的写法是上面是两个人，两人中间有水，作溢出状，下面是个器皿。这很容易让人联想到两个人在洗澡，澡盆中的水从两个人中间溢出来。

在另外一种甲骨文写法里，“盈”（）上半部分是脚趾的“趾”（），下半部分是器皿的“皿”，可以解释为脚踩在盆里，盆里的水溢出来了。

后来“盈”在金文当中，上半部分变成了“立”字。总之，不管是脚踩在盆里还是站立在器皿上，“盈”的意思都是溢满之义。

“盈盈一笑”、“盈盈一握”

生活中我们用到的很多词都跟“盈”字有关，如“盈盈一笑”——笑意溢出，笑意很生动的感觉，一看上去，一想起来就很美，就很值得回味。还有“盈盈一握”，是形容某个女子腰肢纤细，正好一把就可以握住。这里的“盈”，指的是女子腰肢粗细程度正好能够合手——把手充满（与“盈”相对应的是亏缺，苏东坡在《水调歌头》中说“月有阴晴圆缺”，《千字文》中也有“日月盈昃”一句，指的就是月亮有盈满和不盈满的两个状态）。

“上弦月新月（朔）”，“满月（望）”，“下弦月——残月（晦）”

中国古人最早的天文历法是根据月亮的运行拟定的，夏历便是以月亮的一次圆缺为一个月。每个月的十五是月亮最圆的时候，那个时候太阳还未下山，月亮就已升起，一阴一阳相对，所以古人用一个字来形容这种现象，叫作“望”，就是对望，一阴一阳相对而望的意思。

在古诗文当中，常常用“望”这个字代表十五。说三月之望，意思就是三月十五那天，因为太阳还未下山，月亮便已升起，月亮最圆的时候，一阴一阳相对而望，这就是每个月的十五。

每个月的月初没有月光，叫作“朔”。《说文解字》中解释“朔”是“月一日始苏也”，即月亮刚开始苏醒。而每个月的最后一天也没有月光，就叫“晦”，《说文解字》说：“晦，月尽也。”

月亮有阴晴圆缺，这是它在天空中运行的一个规律。从初三到初七，月亮就像一张可爱的弓一样，只有一个月牙，所以古人有诗说“可怜九月初三夜，露似珍珠月似弓”。这个时候的月亮叫作新月。到了下半月，月亮又变了一个样，这个时候的月亮由满到缺，古人感叹月亮日渐残缺，就将它称之为残月。

上半月的月亮叫新月，是因为它在慢慢地壮大，慢慢地圆满，形状如弓弦在上，所以又称之为上弦月；下半月的月亮我们称之为残月，是因为它在慢慢地消失，而残月的弓弦在下，所以又称为下弦月。

昃

夕阳西下

本义：太阳西斜

“昃（zè）”字是什么意思呢？上半部分是“日”，可以让我们联想到“昃”一定与太阳有关；中间是个“厂”（厂在古文字里都跟山崖有关）；那下面有一个人，合成“仄”。这是什么意思呢？

“仄”在《说文解字》中解释为“仄者侧也”，意思是一个人走在悬崖下面的小路上，他要侧着身子走，同时还要歪着头，这样才能保证安全。所以“仄”在籀文中的写法为。在《易经》中有一句话说“日中则昃”，意思是太阳到达天空正中的位置后就要往西边走，而且越走越斜，这叫太阳西斜。“昃”，甲骨文写为，就是指太阳西斜。

“夕阳西下，断肠人在天涯”

跟“昃”有关的诗词中，最能体现“昃”的含义的是马致远的《天净沙·秋思》：“枯藤老树昏鸦，小桥流水人家，古道西风瘦马。夕阳西下，断肠人在天涯。”这首小令描写的就是太阳西斜，游子骑瘦马的悲凉情景；就是一个日昃的状态，在狭小的古道上吹着西边的风，马很瘦，人也很消瘦，道路也很狭窄。其中“夕阳西下”非常关键，就是日昃。

延伸阅读：有关“仄声”的文学常识

“仄”字在中国古代文字的声律当中也是一个很重要的字。“平声”、“仄声”也是很重要的文学常识。现在普通话的发音有一、二、三、四声，第一声和第二声称之为平声。仄声在古代指的是上声、去声和入声。现在上声和去声成为了普通话中的三、四声，入声在普通话中已经消失，但在昆曲、江浙话、客家话和粤语里还保留了入声。现在普通话只有四声，古时候却有八声，平上去入各分阴阳，就成了八个。现在粤语中还分阴阳，如阴平、阳平。

辰

一日之计在于『辰』

本义：耕种、播种、开荒

“辰”在甲骨文中写为，上半部分是“厂”（），一个山崖的形状。下半部分是手持利器的形状，表示手持利器在山崖下播种、耕作（《说文解字》解释为“从乙、从匕”，是根据“辰”字的篆书写法来的）。这是“辰”字的基本形态。所以，“辰”的本义是辛勤劳作——耕种、播种、开荒的意思。

所有与“辰”相关的字——“震”、“农”（“農”）、“辱”等，都跟劳作、天时有关

“辰”字跟很多字都是通假的，比如“震”字，上半部分是“雨”，下半部分是“辰”。甲骨文中，“震”（）表示上天打雷，震

动四方。

农业的“农”，在甲骨文中写作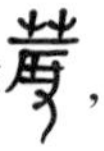，表示锄草垦荒。繁体写法为“農”，它的上半部分是“曲”，下半部分是“辰”，“曲”代表种子，“辰”代表耕田劳作。

再比如受辱的“辱”，上半部分是“辰”，下半部分是“寸”；“寸”代表法度、法令、时令，且“寸”有测量的意思。所以“辱”就代表某个人偷懒，错过了耕种的最佳时节，所以大家都去辱骂他。什么是自取其辱？意思就是你自己不争气，惹得别人说你。一日之计在于晨，一年之计在于春，为了避免这份羞辱，你就要积极行动起来。

实际上，所有跟“辰”有关的字，都跟劳作、天时有关。

“辰”是天上管农时、农事的星辰——房星

“辰”还对应着天上的一颗星，所以有的时候我们会说星辰。“辰”对应哪颗星呢？就是天上的房星，专司农时、农事。

当黄昏，房星出现在东方地平线的时候，就预示着春天到来了，我们也要开始准备劳作了。

《晋书・乐志上》说：“辰者，震也。”“震”就是天上打雷的意思。《说文解字》说：“三月，阳气动，靁电振，民农时也。”—— 春天到了，三月地上阳气动，天上就打雷。所以，“辰”是春天的一个状态，在此时节，万物皆生，农民要开始辛勤劳动，开始播种。正如一句古话所言：一年最好的安排在春天，一天最好的时辰是早晨。

那什么又叫房星呢？房星是二十八星宿之一，有四颗，故又称

"天驷星"。为什么称之为房？因为古时候人们是在家门口看星星的方位，所以叫作房。

"辰"时——早上 7 点 ~9 点

"辰"还代表时辰——辰时。

古代的一天分为十二个时辰，以地支命名。地支是什么？就是把木星的公转轨迹分成十二等份，这十二等份称之为十二地支——子丑寅卯辰巳午未申酉戌亥。

"辰时"对应早上 7 点到 9 点，正是清晨的时候。所以"晨"字也是从"辰"引申来的——"辰"上面加"日"，意思是早晨太阳出来的时候，你要去干活了。

十二生肖中，"辰"所代表的年份称为龙年。同样，还有一个辰月，指农历的三月份，阳历的四月份。

宿

在家睡觉

本义：在屋里的席子上过夜

“宿”的甲骨文写法为，左半部分是一个人，右半部分是一张席子，表示人睡在席子上。后来有的甲骨文在这个字最上面给它加了一个屋顶——宝盖头（宀），就变成现在的“宿”字，意思是在家里的席子上睡觉，席子的本义就消失了。

“夜不归宿（sù）”、“一宿（xiǔ）未归”、“在夜观星宿（xiù）”

“宿”是个多音字，有三个读音。一个读“sù”，比如“住宿”；一个读“xiǔ”，比如“住了一宿”；还有一个读音“xiù”，比如“星宿”。

实际上，造一个句子就可以把这三个读音都掌握——“他夜不归宿（sù），一宿（xiǔ，一夜）未归，夜观星宿（xiù）。”

宿敌（夙敌）、宿愿（夙愿）

“宿”又和“夙”同音，古籍中，夙敌、夙愿与宿敌、宿愿是通用的。

“宿食”、“宿醉”、“宿兵”

《说文解字》里讲“宿者，止也”，意思是静止、停止、我休息了。后来，又有“宿食”（以前的食物消化不了）、“宿醉”、“宿兵”（指驻扎军队）等用法，也是指停留的意思。

“宿”还有谋取的意思，比如说“宿名”，意思是获取名声，现在一般用得比较少。《庄子·徐无鬼》说：“兵革之士乐战，枯槁之士宿名。”有的古人认为“宿”通“缩”，取宿的积久之义。

“宿根”、“宿业”

有时候，我们还把“宿”称为前世——上辈子。比如说一个人有“宿根”，那是指其上辈子就有好的慧根；或者说“宿业”，指一个人前世行善或作恶所造成的今天的业力和后果。

列

一个很残酷的字

本义：肢解身体

“列”字是一个很残酷的字，因为在古代隶书的写法中“列”（列）字右半部分是竖刀（刂），左半部分是“歹”（歹在甲骨文中的写法为，上半部分表示头发，其形态像是发丝披散下来，下半部分是肉字旁，代表流血的身体）。所以“列”字的本义来源于古代的一种刑法——肢解身体，因此说它是一个很残酷的字。

后来，在“列”下面加四个点——火字底，就成了“烈”，指火刑；在“列”下面加衣字底，即“裂”，指的是“车裂”，俗称五马分尸。所以“列”字的本义就是指肢解身体，是不是很恐怖？

“排列”、“罗列”、“列子”、“轻重以列”、“列传”、“一列火车”

“列”还有排列（列入）、布置的意思，比如“罗列”就有布置、列举的意思。

此外，“列”还有分开的意思，它有一种等级森严、严肃的感觉。这时它肢解的本义已经消失了，但是它在形容某些事物的时候，还保留了那种恐怖感、严肃感，还有那种森森然的感觉。

“列”还是个姓氏，比如古代有一位“列子”，是很有名的思想家，传说他能够御风而行。

“列”也可以作名词，引申为职务、位置上的排布。比如《左传·昭公十三年》中说“轻重以列”，这里的“列”指的就是位置。

还有，《史记》中有“列传”，为什么要叫列传呢？这里的“列”实际上也是一个位置——他的位置在哪里？因为所列之人是将相，比如说《廉颇蔺相如列传》。还有《刺客列传》中的“列”也是这个意思——给某个人物或某类人物一个位置。

有时候我们会听到“列位客官”一词，“列位客官”就是各位客官的意思，所谓列位就是每个人都有一个位置，他们依次排开，各自有一个名分。

“列”还是量词，比如一列火车，且只有火车可以称之为列，因为火车是一节一节的，有分开摆放的样子。所以“列”作量词的时候是用于描述成行列的东西。

一张一弛谓之道

张

本义：拉弓

“张”是一个形声字，在金文里写为，其左半部分是“弓”（），右半部分是“长”（），“长”就是把弓弦拉紧。

在秦代的《诅楚文》中，“张”的左半部分就变成了“弓”，于是“张”就有了拉弓的意思，所以“张”的本义指拉开弦与弓的距离，这个动作称为“张”。

《说文解字》说：“张，施弓弦也。”表现的是弓弦的样子，这就是“张”的本义。

“改弦更张”、“一张一弛”

“张”的反义字是“弛”，“弛”字左半部分是“弓”，右半部分是

“也”。什么意思？指拆解紧绷在弓上的弦。

“张”是紧张，“弛”是松弛，都是指调节弓上弦的松紧度。成语“改弦更张”就是这个意思——换一根弦，调节松紧度。

还有我们说的“一张一弛”。

老子在《道德经》中说：“天之道，其犹张弓与？高者抑之，下者举之。”什么意思？就是说天道就像拉开弓射箭一样，弦位高了就要压低一些，弦位低了就要托举它。

所谓“一张一弛谓之道”，就是说我们做事情该紧张的时候要紧张起来，该松弛的时候要松弛下来。

“张罗”、“夸张”

我们常说这个人很喜欢“张罗”，这里的“张”就是伸开的意思。而夸张一词就是夸大其词，也有像拉开弓弦那样的状态。“张望”就是向远处看去，多少有些紧张的神态。

《诗经·小雅》里有一首诗，也描述拉弓的状态：“既张我弓，既挟我矢。”张开了我的弓，搭上我的箭，就是张弓搭箭。

“张”姓的由来跟张弓射箭和制造弓箭有关

在中国，姓张的群体特别大，“张”是一个很大的姓氏。其实，“张”姓的来源也跟张弓射箭和制造弓箭有关。

有人认为张姓的始祖叫张挥，他是黄帝的孙子。现在考证，张挥应该是一个官职的名字，就是主管制造弓箭的职位。

另外，天上有个星宿叫张星，它是朱雀七宿的第五个，因为它的形状像弓箭一样，所以得名“张星”。

总释

『日月盈昃，辰宿列张』

这八个字讲述的是天体变化，日月星辰的运行规律。我们每天张开眼睛要面对的就是“天文”，我们的日子也是在这个“天体轨道”上一天一天地过。日有升和昃，月有盈和缺，面对日月交替，我们有各种感悟要抒发，也对天体运行之“道”有新的认识。日月是阴阳。其他的辰宿呢，影响最大的是五颗行星，可以说，最早的“五行”思想，就是从“五颗行星”中来的。五行可以说是“五颗行星”的简称，现在我们把它当作五种元素来看待，也就是“金木水火土”五颗行星。因此，我们传统的智慧起源于天文观测：阴阳思想是观测日月而来，五行思想是观测五颗行星而来。

辰宿列张的这个“张”，是不是也蕴含着“宇宙在膨胀”的道理？如果从我们的观测角度是在“膨胀”（张），那么是不是有另外的地方在“坍塌”（弛）？如果有兴趣的话，可以参考胡兰成晚年的学说《大自然五大基本法则》，他认为宇宙是一个太极，这边膨胀，那边坍塌。

叁

CHAPTER 03

『寒来暑往，秋收冬藏』

“寒来暑往，秋收冬藏”，是讲一年四季的更替，天气变热和天气变冷的交替循环，也包括秋天和冬天的状态，从人体的角度来说，秋天是收敛，冬天是闭藏。从农业的角度来说，秋天要收获，冬天要贮藏。这就是寒来暑往，秋收冬藏，春生、夏长、秋收、冬藏，人要顺应四季的节律而行事。

寒·052

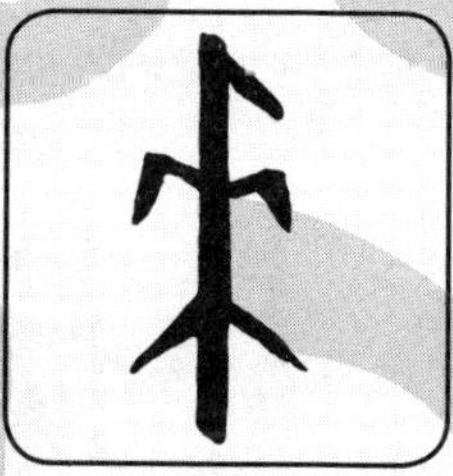

来·055

暑·057

往·059

秋·063

收·066

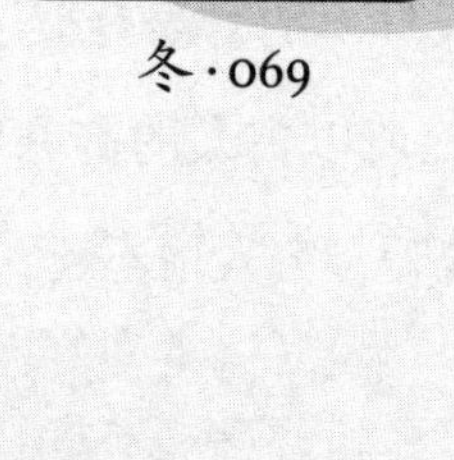

冬·069

藏·071

寒

寒士就是古代的屌丝

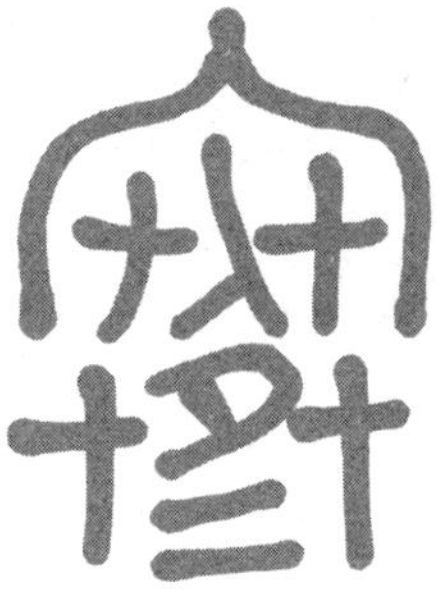

本义：天气冷

“寒”是会意字，最上面是个宝盖头（宀）。说明“寒”字与房子有关。“寒”字中间的部分，像是“共”字多一横。

“寒”的金文字形像是一个人周围布满了干草。人在一堆干草中间干什么呢？取暖！所以，寒（）代表天气冷的意思。

现在比较普遍的看法是，“寒”字最下面的两点代表冰。因为地上有冰，所以人要铺很厚的草，盖很厚的草取暖（古代的生产能力低下，纺织业也不发达，天气冷的时候有被子盖的人并不太多，而且秦汉以后棉花才传入中国，所以古人的御寒手段和现在有很大的区别，有钱人可以用动物毛皮取暖，穷人用不起，只好用干草）。

“寒”用来说别人是穷，说自己是谦称

后来有个词叫“贫寒”，其中“寒”就有穷的意思。在古代，跟“寒”有关的词很多，比如“寒门”、“寒士”、“出身寒微”，这些词中的“寒”字都有穷的意思；而且不只是穷，还有地位低下的意思。说人穷，不体面，现在还有个词叫“寒碜”，说一个人寒碜，“你穿成这样，够寒碜的”，就有丢人的意思。但一个人要是自称“寒 ×”，那就是谦辞了，比如说“寒舍”，就是“我家”的意思，这样说是因为主人把自己的姿态放得很低，表示对客人的尊敬，并不意味着自己真的穷。

“岁寒”、“寒香”

“寒”字的意思可以从形容天气扩展到形容一个人的家庭状况、社会处境，除此之外，还可以延伸到人的精神层面。《论语》里说：“岁寒，然后知松柏之后凋也。”意思是只有到了天冷的时候，我们才能发现，松树和柏树最耐冷。这句话也可以比喻人——人在逆境中，不顺利的时候，才知道他是不是个君子，有没有毅力。

从古至今，不少人都喜欢画松树、竹子、梅花（松、竹、梅合称“岁寒三友”）。画“岁寒三友”干什么呢？往往是寄托自己的志趣，表明自己有独立的人格，不愿意同流合污。

在古诗里，也用“寒香”指代梅花，是因为梅花只在冬天开的原故，“梅花香自苦寒来”。

“寒山”、“寒林”、“寒鸦”、“荒寒”

到了宋代以后，“寒”逐渐成了一种审美上很高的境界，“高处不胜寒”，愈高愈寒，愈寒能至者愈少，孤高冷寂、遗世独立。而在当时也出现了很多与“寒”有关的词，如“寒山”（唐代有高僧号寒山，后来又出现很多取名“寒山”的绘画作品）、“寒林”、“寒鸦”、“荒寒”。（中国画里一个很高的境界——“独与天地精神往来”。）

我们没有理由不去爱每一个汉字

再看一下“寒”这个字，含义太丰富了。从一个形容气温的字，到形容人的出身、生活条件，又到人的心理层面，再到精神层面和审美层面，这中间经过了很多年的文化积淀，所以，我们有什么理由不去爱每一个汉字。

来

归去来兮

本义：小麦

“来”这个字，现在用的频率非常高，主要是用作动词，常说“来到什么地方”，“来了”。但“来”最早被造出来的时候，是个名词，指小麦。

在金文中，“来”的样子就是一株有叶有穗的小麦。在古代，“來”字中间的两点其实是两个小的“人”字。这两个“人”形的笔画指的不是人，而是麦穗两边的麦粒。而麦穗的结构是两边对称的，一边一串麦粒。

《说文解字》讲：“周所受瑞麦来麰（móu）。”就是说“来”是上天授予周人的一种谷物。

我们知道，在古代，吃饱饭是个大事，如果谁能培育出高产的谷物，肯定会很受尊敬，很有地位。所以周人很骄傲的一点就是，他们是“后稷”的子孙，而后稷就是百谷之神，也可以说是农业神。

《诗经·周颂》中说：“思文后稷，克配彼天。”整句就是感叹：“伟大的后稷啊，功德和天一样大。”下面说：“立我烝民，莫匪尔极。贻我来牟，帝命率育。”意思就是“赐给我们小麦，养活了众多的人民”。

“归去来兮”，到底是“归去”还是“归来”

“来”有一个很容易搞错的特例用法，就是“归去来”。

在我们现在的用法里，去和来意思是相反的，那么“归去来”到底是归去还是归来呢？陶渊明有一篇文章，叫《归去来兮辞》，这里面“归去来”的意思就是归去，其中的“来”的意思就相当于“了”，就是说，我要回去了，要归隐，不想跟你们混了。“田园将芜胡不归”——家里的田地都快荒芜了，我还是回家种地吧。这个田园，既是土地，也是心灵家园，对自我都是一份久违的安顿。

暑

寒来暑往

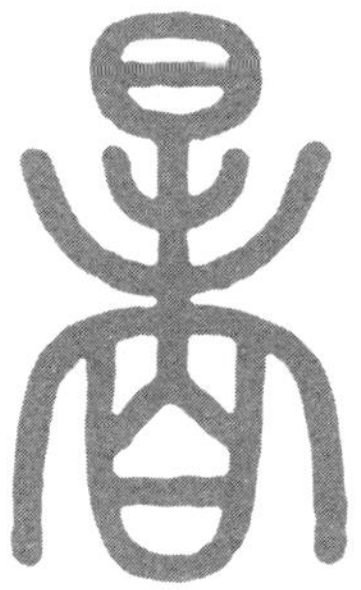

本义：热、夏天

“寒”和“暑”是相对的，寒是冷，暑是热。《说文解字》的解释是：“暑，热也。”夏天最热，所以“暑”也指夏天。

“暑”字上半部分是“日”，也就是太阳，下半部分是“者”。“者”并不仅仅指人，也泛指地上的万物，但它的本义是聚在一起烤火、交流。后来，烤火被“煮”字代替了，交流被“诸”字代替了。太阳在大地正上方，照耀“诸物”，万物如煮。所以天气很热，这就是“暑”，在篆文中写为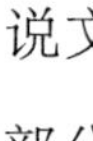。

“暑”是形声字，《说文解字》说：“从日，者声。”“从日”好理解，因为“暑”字上半部分是个“日”，所以“暑”的意思和太阳有关；“者声”就不太好理解，毕竟从读音来看，“者”和“暑”完全没关系。

在古代，“者”是“煮”和“诸”的本字。而“者”是“暑”的声旁，也是形旁，即“煮”，表示引火炊煮，形容热。所以“暑”的本义就是热、夏天。

“不避寒暑”、“寒来暑往”、“寒暑”

“不避寒暑”是指冒着严寒酷暑，不怕吃苦，很执著地去做一件事。

另外，所谓“寒来暑往”，意思就是冬夏更替。在这里，“寒”“暑”指的就是季节和时间了。“不知经过了多少寒暑”，就是不知过了多少年的意思，用“寒暑”比直接用“年”字感觉更形象，更有体温。

“寒”“暑”并用，还常有循环往复的意思，即时间周流不止。《周易》里说：“寒往则暑来，暑往则寒来。”意思是冬天走了是春天，夏天过后是秋天。所以，“寒暑”不是严格意义的气候变化，主要是说明一切都在变化之中，循环不止。

往

来而不往非礼也

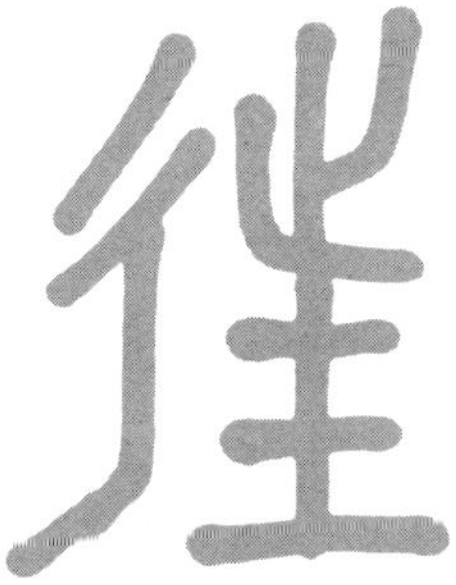

本义：投奔贤明的君主

“往”字最早是个形声字，通“王”字的古音。

在金文里，“往”（）是没有左边的双人旁（彳）的，右边的上面是“止”（），代表脚趾的意思（在篆文中，走路的“走”的下半边与脚趾的“趾”的右半边写法相同）；右下面是一个“王”（），代表君王。所以，“往”最早的含义就是“我要前行去见君王，我要投奔君王”。

“往”是一个非常重要的字，不像现今我们用起来那么随便（今天在说“往”这个字的时候只是一个日常用语）。在古时候，“往”是一个很有分量、很有重量的字，因为它的本义是要面见君王，投奔贤明的君主，类似于“朝觐”。

往，是去拜访比自己地位高的人

后来，“往”字意指去朝见、拜访比自己地位高的人，或者比自己年龄大的、比自己有学问的人。

我们常说“来而不往非礼也”，当我们去拜访比我们地位高、学问好、受尊重的长者时，称之为往，否则就只是“去”了。“去”更随意一点儿，而“往”更有一种尊重别人，尊重拜访者的含义。

前往，前去，“情不知所起，一往而深”

当我们知道一个字的本义的时候，再去使用它，就会知道词性上微妙的差别，所以很多时候我们用字用得不准确，或者说没有用出那个字的意思来，就是因为我们不知道“前往”和“前去”的差别。

知道了其中的差别，我们就知道，“往”是一个很有重量感的字，所以汤显祖说：“情不知所起，一往而深，生者可以死，死可以生。生而不可与死，死而不可复生者，皆非情之至也。”

现在，我们常用的“一往情深”，就是从这里来的。往，就是把对方看得比自己高、比自己重。

“虽千万人，吾往矣”

孟子说，“虽千万人，吾往矣”，也把“往”这个字的重量感用出来了。前面虽然有那么多人，有千军万马来阻挡我，但是我一定要去，这叫“虽千万人，吾往矣”，所以这个“往”字是有一种精神气节在的。

是“去死”还是“往生”

佛教有个说法叫“往生”，也是这个意思，往生就是要前往一个比我现在所在境界要高的地方，我们的生命要进入到一种更高的境界里去。第一，能不能脱离六道循环？第二，即便脱离不了六道，能不能去往上三道？虽然临终我们去世了，但是我们是往生，是让我们生命的层次升华了。否则，只是“去死”。

“大而无当，往而不返”

老子说：“执大象，天下往。”所谓大象，即万事万物客观变化的规律；“执大象”，就是说天底下最好的圣贤之君，当他们理解了万事万物的规律之后，就有了这种“执大象”的能力。“天下往”，就是天下的人都来归附于你，都来拜望你，都来听从你。这是道家的说法。这个“往”字，用出了往的本义。我们可以说，“往者，觐王也”。

庄子在《逍遥游》中也有一句：“大而无当，往而不返。”他批判有些东西是大而无当的，有些东西是往而不返的。

“往而不返”是什么意思？就是你前往而不知道回来，这个意思就是说不懂得生命循环往复的道理。所以我们现在一般把这句话反过来用，就是告诉现在的人，我们要往而知返。

现在的人经常会“往而不返”的地方在哪里呢？比如说我们要去赚钱，然后我们就一直去赚钱，但是我们却不知道为什么要赚钱，这就叫往而不返。当我们知道了赚钱背后的意义是什么的时候，我们就会往而知返——哦，赚钱是为了更好地生活，是为了更好地体会目下的意义，不能够以牺牲我们的健康和道德、正义感为代价，这就叫往而知返。

“往”字里有什么乾坤

“往”字在佛教的说法是往生，道家的说法为“执大象，天下往”和“往而不返”，儒家的孟子讲“虽千万人，吾往矣”，那么我们既要有“虽千万人，吾往矣”的气概，同时也要有非常深入、非常幽微的精神意识和精神境界。

现在，“往”这个字的朝圣含义已经隐约，如果你会在文章中使用，就比别人作文高明一些。而像“来而不往非礼也”这种话还在沿用，所以我们要知往知返，不能“往而不返”。

秋

『离人心上秋』

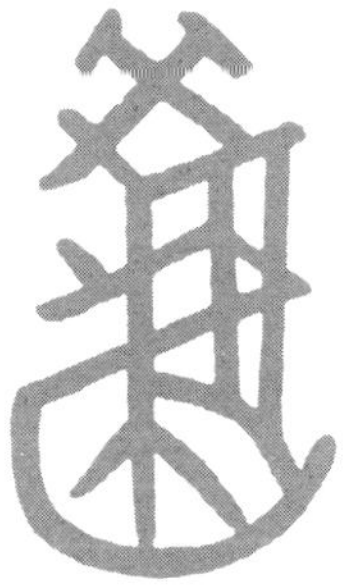

本义：火烧昆虫为秋

在甲骨文中，“秋”（）的上半部分是一个昆虫的样子（郭沫若考证说是蟋蟀），下半部分是一个火盆的样子◡。通过分析甲骨文的写法，郭沫若给出的解释是：秋收的时候蟋蟀等害虫都出来了，为了避免粮食受损失，就要用火去烧死害虫们，所以说火烧昆虫为秋。

《说文解字》对“秋”的解释是：“秋，禾谷熟也。”意思是秋是百谷成熟的时候。

“欲说还休。欲说还休。却道天凉好个秋”

宋代词人辛弃疾写过一首很著名的词：“少年不识愁滋味，爱上层楼。爱上层楼。为赋新词强说愁。而今识尽愁滋味，欲说还休。欲说还休。却道天凉好个秋。”这是描写秋天景况和心态最好的一首词，整首词只对应了一个字“秋”。上阕写的是不可名状的忧愁从心头生起，这种愁就是悲秋之愁。最后一句“却道天凉好个秋”，是说秋天是收获的开始，但同时也是悲凉的开始，所以“秋”是收获之时也是悲凉之时。

收获季节，也就是成功的季节，迎来了秋季就意味着你从成功开始转向走下坡路了，这也是落寞的开始。因为人最成功的时候，往往也会滋生出落寞的心态，所以说秋天既是成功之时也是落寞之时。

一个“秋”字，道尽天道循环，人生的处境总是变动不居的这样一个道理。

“秋”天为什么会发“愁”

辛弃疾说：“而今识尽愁滋味，却道天凉好个秋。”以前课本上学习，觉得这个意境好，但好在哪里，说不出来。这是因为不懂点儿文字学，就难以理解“秋”和“愁”之间的关系。古人为了表明“悲秋”的心态，就造了个“愁”字，表示秋天生出来的郁闷之气。

而鲁迅则写道：“秋风是一天凉比一天。”这指的是秋分之后。秋分前，天高气爽，人的身体感觉正舒服。秋分后，气温回落，身体的毛孔也在收敛，体内的热量一时散发不出来，所以就会莫名伤感、情绪低落，有的人也会暴躁不安。这也是忧郁症多发期。

宋代词人吴文英也有名句说：“何处合成愁。离人心上秋。”意思是本来就是悲秋，这时还要与心爱的人离别，那就愁上加愁了。好在词人将这种情感写出来了，抒发出来了，大家读了，有了共鸣，觉得有人能理解自己，替自己道出来，于是这个“情志”就调整过来了。这也是文学作品对身体的保健功效。

当然，如果郁闷的时候找描写郁闷的作品看，是解约；不郁闷的时候找描写郁闷的作品看，是毒药。尽信书则不如无书，读书亦如服药。

收

人生最难收放自如

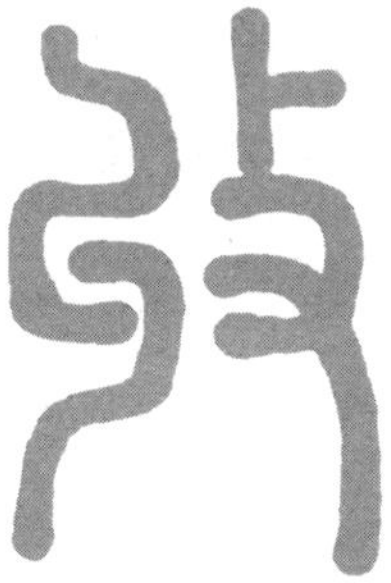

本义：捕捉

《说文解字》中对“收”字的意思解释得特别准确：“收，捕也。”为什么说“收”是捕捉的意思呢？

在篆书中，“收”（）左半边像两条绳索互相交织的样子，有绳索捆绑的意思；而右半边像是一只手拿着一个开了杈的树枝或者棍棒的样子。所以，“收”的本义就是捕捉。

“收监”、“收获”、“收入”、“收藏”

有一些词里“收”的用法应用了“捕”的这层意思。“收监”——缉拿归案关押；“收获”——去捕捉，去寻找一个行为结果。现在“收获”的意思是指结果，得到了东西。然而收获的本意是指捕捉猎物。

“收”是捕捉之意，“获”是猎物之意；还有“收入”——我最后能够拿回来的东西；“收藏”——找到某件藏品叫“收”，把它放好叫“藏”。

收心——“制心一处，无事不办”

老师或家长经常会教导小朋友做事要专注，要收心；放完假的时候家长、老师也经常会说“你该收心了”。

要我们把心收回来，就是要我们把心寻找回来。那怎么才能收心呢？我们要调整精神状态，把自己的心从外界从玩耍的心态中收回来，放到学业、事业上来。

事实上，人只有处在精神专注，把心集中于一处的时候，才能把事情做好。王阳明有一句话叫“制心一处，无事不办”，意思是你能把心收回来放在一个地方，专注地去干一件事情的时候，就没有什么不能成功的。

收徒弟

“收”发展到后来，还有一个延伸含义——降服，比如收徒弟，师父要让徒弟听自己的，就必须得降服他。唐僧怎么降服孙悟空？用紧箍咒，如果他没有紧箍咒的话，孙悟空肯定不听他的。

在古时候，当师父要收服徒弟，一定要有一项本领是徒弟不会的，假如徒弟全会了，那么既收服不了他的人，也收服不了他的心。所以古时候说师父传授徒弟时永远留有一招不教，就是这个原因，师父一定要留有一手。

有一个童话故事说猫曾经是老虎的师父，后来猫教了老虎很多本领，老虎学会后就洋洋得意地要来吃猫，结果猫一下子蹿到了树上，然后老虎只有干瞪眼的份儿了。原来，猫当师父的时候有一招没教给老虎，就是怎么上树。

收放自如

“收”的反义字是“放”，“收”是捕捉，“放”就是把捕捉到的东西放松、放开、放出去。放的本字是“方”，本义是流放。“方”的甲骨文是一个人戴着枷的形状。

有个词叫“收放自如”，意思跟“一张一弛”一样，就是我们既能够专注地完成一件事情，同时也能从专注的状态中放松出来。

冬

『冬』曾是一个负担过重的字

本义：终结、寒冷

“冬”字上半部分是“夂”（zhī），意思是一根丝线用到头了，要打个结，扎起来。所以“夂”有终结的意思（其实“夂”就是“终”的古字）。“冬”和“终”在甲骨文中均写为，后在篆文中才将两字分开写成“冬”（）和“终”（）。

《说文解字》说：“冬，四时尽也。”意思是一年要过完了。

“冬”下半部分的两点是“冰”的古字，就是结冰的意思（所以“冫”总是和冬天有关，比如它组成的字，凝、冷、凉，都有气温低的感觉）。

因此，通过分析“冬”的字形构成，我们知道了“冬”的本义就是终结、寒冷的意思。

“冬”字最初的“任务”比现在重得多

“冬”字最初和“终”、“咚”二字的意思是相通的。可想而知，这个“冬”字的“任务”比现在重得多，既可以形容时间、过程，又可以表示声音。后来人们就给它加了偏旁，变成不同的字，意思就分散了。

比如，“冬”字加绞丝旁（纟）就是“终”，加口字旁就是“咚”，这两字都是形声字。古代造字的数量没有那么多，所以一个字普遍“任务”繁重。

通过分析“冬”的字形构成，我们知道了“冬”是个会意字。其本义就是终结的意思。

藏

飞鸟尽，良弓藏

本义：用武器去刺伤一个人的眼睛

“藏”在甲骨文中，左边是一只眼睛——目；右边是武器“戈”的形状。所以，“藏”（）字的本义就是用武器去刺伤一个人的眼睛。

躲避、躲藏、隐匿

在古代，主人为了让奴隶或战俘听话，经常要对奴隶施行刑罚，其中一种刑罚就是刺目。但是，奴隶在面对刑罚的时候经常会逃跑，所以“藏”后来又引申为躲避、躲藏、隐匿。

为了表达“隐匿”的状态，后人在最早写法的基础上加了草字头，左半边也加了像草木一样的笔画。慢慢演变到今天，“藏”字原先的“目”就变成了“藏”字下半部分结构里的“臣”字。

“藏”什么时候读“cáng”，什么时候读“zàng”

“藏”的读音有两个，当它作为动词的时候，比如“捉迷藏”、“躲藏”等时，念“cáng”；当它作为名词的时候，比如五脏六腑的“脏”（脏是简化后的合并字，之前的写法是臟），佛教中的“三藏”（指佛教的经书、戒律以及阐释这些经典的书——论），念“zàng”。

“飞鸟尽，良弓藏”、“用舍行藏”

历史上有一个很有名的典故，叫“飞鸟尽，良弓藏”，这句话把“藏”的智慧讲得很清楚。它最早的出处是《史记·越王勾践世家》：“飞鸟尽，良弓藏；狡兔死，走狗烹。”什么意思呢？比喻有能力的人在完成使命以后，就会被他的上司干掉或者抛弃掉。

春秋时期范蠡和文种帮助越王夺得江山之后，范蠡就劝文种离开越王勾践，他的原话是：“狡兔死，走狗烹；飞鸟尽，良弓藏；敌国灭，谋臣亡。自古患难易共，富贵难同。”但是文种不相信范蠡，范蠡就自己离开越王去隐居经商。而文种继续留在越王身边，最后被越王杀害了。

所谓“藏”的智慧，就是要学会“功成、名遂、身退”（《老子》）。飞鸟被打完了，弓摆在这就有点儿碍事了，而且也没有实际价值了。你的使命完成了，就要学会“功成而弗居”（《老子》），要学会把自己“藏”起来。

孔子在《论语》当中也说过类似的话，在《论语·述而》中就有“用之则行，舍之则藏，唯我与尔有是夫”。这句话后来演变为一个成语，叫“用舍行藏”，用来形容一个人的处世态度——当你为世所用时，就应该积极努力地去做；当不为世所用时，就应该退而隐居起来。这句话实际上是孔子对他最喜爱的一个学生颜回说的，他说这个“用舍行藏”只有他俩能做到。这可以说是老师对学生的一个最高的评价了。

孟子说：“达则兼济天下，穷则独善其身。”所谓“穷则独善其身”，就是要“藏”，因为你只有藏得住，用的时候才能用得出来。

这个观点在《易经》当中对应的是“潜龙勿用”（乾卦第一爻的爻辞），意思是不该你出头的时候就要藏起来，不要去乱冒泡，要韬光养晦。台湾的百岁大儒爱新觉罗·毓鋆（1906—2011）就被人称道为“一辈子贞守‘潜龙勿用’这一爻”。

『寒来暑往，秋收冬藏』

总释

“寒来暑往，秋收冬藏”，是讲一年四季的更替，天气变热和天气变冷的交替循环，也包括秋天和冬天的状态，从人体的角度来说，秋天是收敛，冬天是闭藏。从农业的角度来说，秋天要收获，冬天要贮藏。这就是寒来暑往，秋收冬藏，春生、夏长、秋收、冬藏，人要顺应四季的节律而行事。

古时候秋后问斩，有种说法是因为秋天是收获的季节，在收获粮食的时候，老天也要收获人头，所以民间称之为秋后算账。冬天要藏，要隐匿其志，不要动志气。春天则要生发，如《黄帝内经》中说，“广步于庭，披发缓行”，志气要抒发出来。

孔子有问“请言志”，他的学生曾点说得最好：“莫春者，春服既成，冠者五六人，童子六七人，浴乎沂，风乎舞雩，咏而归。”别的学生说的都是家国天下的大事，而只有曾点说的是顺应春天的节律：

暮春时节，大家一起郊游雅集，驰目骋怀。之后又有王羲之的《兰亭集序》继承了顺应四季节律这一传统。

顺应四季的节律这个传统一直是中国的主流，“家国－天下模式”和“家园－自然模式”相较而言，后者才是真谛。那什么又是天人合一？其秘密就隐藏在四季轮转，二十四个节气之中。

肆

CHAPTER 04

『闰余成岁，律吕调阳』

千字文虽简短，但信息量高度密集，每一句话都可以作一篇大文章。像“闰余成岁”说的是天文学和历法学；“律吕调阳”指的是音乐学和节气学。“闰余成岁，律吕调阳”，合起来讲的是时间、历法及大自然的规律。

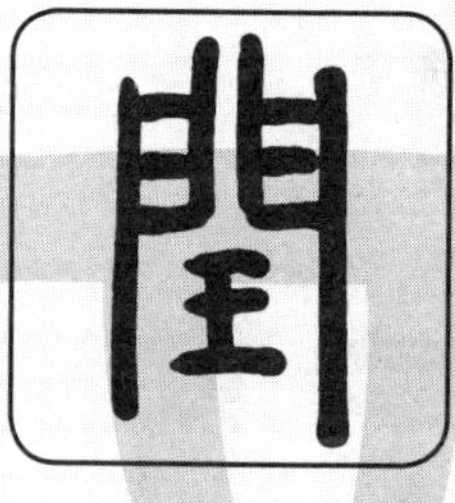

闰 · 078

余 · 081

成 · 083

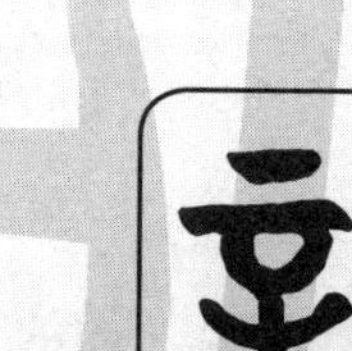

岁 · 086

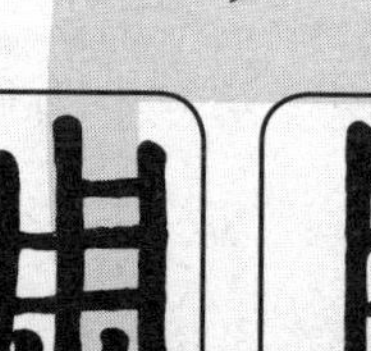

律 · 089

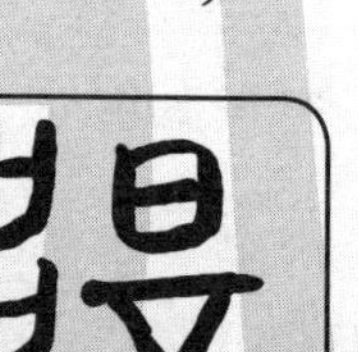

吕 · 092

调 · 095

阳 · 097

温润如玉

闰

本义：珠圆玉润

“闰”字是内外结构，外面是“门”，里面是“王”。

《说文解字》对“闰”的解释是“王在门内”。但这个说法现在并不被普遍采用(《说文解字》为什么会将“闰”解释为“王在门内”呢？因为它认为“闰”是“告朔之礼”，“天子居宗庙，闰月居门中，从王在门中”。天子本来是居于宗庙明堂之内的，但在闰月初一的时候，会举行一个祭拜——“告朔之礼”，这一天，他是居门中的)。

现在，比较令人信服的说法是：在篆文中，“闰”（）字外面的“门”（）字取的是声旁，里面是个“玉”（）字（古时候，“王”和“玉”是通用的)，而玉是很温润的，所以“闰”就指代玉温润的性质，“闰”的本义就是珠圆玉润。

“闰年”、“闰月”

后来“闰”字又被用在天文历法中，比如“闰年”、“闰月”等。“闰”字左边加上三点水（氵）就是温润如玉的“润”，专指湿润、温润。

“闰”字用于天文历法后用的还是湿润的本义，“湿润”是水汽充盈的感觉，就是多出来、冒出来的状态，所以闰年、闰月取的还是多出来的意思。

鲁迅的《故乡》一文中有个主人公叫闰土。闰土的“闰”是什么意思？就是小朋友刚生下来，其长辈推算孩子的生辰八字时，发现他五行缺土，所以取名为闰土，希望通过这个字能多出一点儿土来配补到他缺土的命中，保佑他。这里，“闰”字也有多出来、冒出来的意思。

延伸阅读：公历的闰年和农历的闰年有何不同

我们现在用的有公历和农历，公历是西方的历法，农历是我国对应着二十四节气的用法。

在公历当中，闰年是指地球公转一年，但并不是完整的 365 天，每年比 365 天大概多了五六个小时，所以这样算起来每四年就多出差不多一天的时间。

这多出来的一天时间怎么办？就加到了农历二月份中去。所以农历有闰月的年份，就叫作闰年。

我们需要有一个对照表去看哪些是公历的闰年，哪些是农历的闰年。通常的一个计算方法就是能被 4 整除的年份就是公历的闰年，每 400 年当中有 97 个闰年。

一般来讲可以被 4 整除的为公历的闰年，但不是所有被 4 整除的年份都是公历的闰年，我们把这个搞清楚就行了。

而在农历中，有闰月的年份才叫作闰年，在农历中，通常一年是十二个月（354 天或者 355 天），在闰年的时候则会有十三个月，但在农历里它不叫十三个月，叫闰月，闰月的排放规则是二月到十月。比如说四月过后的闰月，我们就称之为闰四月。

农历的闰年有一个规律，三年一闰，五年两闰，十九年七闰。什么意思？就是大概两年多就会出现一个闰月，而这个闰月具体放到哪个月，它实际上是按二十四节气来安排的。比如说某一个月只有一个节气，它就会把这个月往下去闰一个月。

余

年年有余

本义：单柱无壁的尖顶茅屋

简体版的“余”出现得很早，本义是单柱无壁的尖顶茅屋，也可以说是一种最简易的建筑，其实就是用于存放多余的杂物、农具的仓库。

“余”、“餘”、“馀”的区别在哪

简体的“余”主要有两个义项：一是多余，二是姓氏。现在用“余”指代“我”作为第一人称，已不常见。

繁体“余”（餘）的写法左半部分是“食”，右半部分是“余”，篆文中为，表示食物过剩，有所闲置。

“余”字还有第三种写法“馀”，左半部分是食字旁（饣），右半部分是“余”，常用作“年年有余（馀）”。但是专家一般认为，“馀”是生造字或民间俗字。

多余

后来“余”字就演变成了多余的意思。文字的意义经常会发生变化，本义消失，引申义变成了最终的意思。

“余”（）字的甲骨文字形和屋舍的“舍”很像，所以很多专家认为“余”字和“舍”字的甲骨文写法是一样的，而且“余”就是“舍”的初字。

“余”字最早读“shē”

“余”字在字形上和“佘”也比较接近，

清代的学者考证，“佘”字出现得很晚，甚至认为“佘”字就是“余”字的变体，那么为什么现在“佘”字念“shē”，而“余”字念“yú”？其实“余”最早也读“shē”，后来单造了“佘”字取代了“余”字，“余”字在后来的演变过程当中，读音也发生了变化，变成了“yú”。所以专家研究得出，“余”姓、“徐”姓及“涂”姓，最早出自一个姓氏。

成

成王败寇

本义：兵器成功攻击到了目标

甲骨文中，“成”（）字的左半部分是“丁”，右半部分是“戈”。因此“成”实际上是会意字，它的本义是一个战斧形状的兵器，击中了目标，发出叮当的声音。

一些专家认为，“成”字中“丁”的部分代表武器击中目标发出来的“叮当”声响，因此“成”就是成功攻击到目标，就称之为成了，即成功了。

成熟、收成、成王败寇

“成”就是达到目标。我们常说稻子成熟了，果实成熟了，也是这个意思。

我们说收成，也有收取成功果实的意思。还有，“成王败寇”一词也有达到目标的含义——你赢了就是王者，输了就是流寇。

笑看“成”“败”中的血与火

“成”对应的是“败”，“败”的左半部分是贝，在甲骨文中像一个鼎的样子（鼎在古代既代表着尊贵的地位，也代表着财富）；右半部分是反文，像一个人的手拿着一个棍棒击打的样子。“败”（）的意思就是用手拿着武器把对方的鼎毁坏掉。

不管是成还是败，它们的字形里都反映着战争的过程，过程中有创伤、流血、牺牲、斗争。

所以我们说成和败，其实都不重要，重要的是什么？文字的演变也是一部血和火的历史。当人类经过几千年的浴血奋战，经过各种人和自然的斗争，人和人的斗争，才有了今天来之不易的成熟和成功。

延伸阅读一：《说文解字》的优缺点

《说文解字》说：“成，就也”，即目标达成，但《说文解字》又说：“就，高也”，即很有成就的意思。所以《说文解字》有一个最大的毛病，就是以字解字。我们后来称之为以经解经，即它经常用一个经典的叙述去解释另外一种经典的叙述，而且依据的都是汉代儒家的经典。当然以经解经有一个好处——经典和经典之间有互文互训的关系，而且大部分时候都是对的，但有时候也会解释得很可笑、很勉强。比如说它会将“成”的反义词“败”解释为“败，毁也”，而在解释“坏”时则是“坏，败也”，那么等于“坏”也是“毁也”，这样互相解释，并不能真正算解释清楚，这是《说文解字》不好的一面。

延伸阅读二：如何区分“戊”、“戍”、“戎”、“戒”这几个字

还有一系列与“成”长得很像的字成为一个谱系，它们的右半部分都从“戈”——战斧一样的形状。如“戊戌变法”的“戊”和“戌”，卫戍的“戍”，戎马生涯的“戎”以及戒律的“戒”。

在中国古代的历法中，甲、乙、丙、丁、戊、己、庚、辛、壬、癸被称为“十天干”，“戊”是天干中的第五位。在甲骨文中，“戊”（）的字形就像一把战斧，因此其本义就是一把战斧。它还有一个读音读作“mào”，戊本是属土的，后来在“戊”的上面加了草字头（“艹”），就成了茂盛的“茂”，因为“戊”也有茂盛生长的意思。

“戍”在甲骨文中写为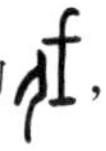，右半部分是“戈”（），左半部分是“人”（），解释为一个人拿着武器守卫，后来借指守卫边疆。

在甲骨文中，“戎马生涯”的“戎”（）指的是盔甲，它右半部分是“戈”（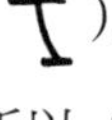），即武器，左半部分是个“十”（），代表盔甲中间的缝隙，所以“戎”既指盔甲，也引申为战士。

同在甲骨文中，戒律的“戒”（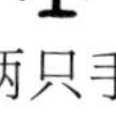），右半部分是“戈”（），即武器，左半部分是两只手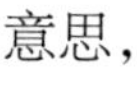，两只手非常小心地拿着一把武器，说明他非常警惕，有警戒的意思，后来引申为让人守规矩的意思。

这几个字的字形非常相近，比较难以区分，但有个口诀叫“横戌点戍戊中空”，记住这句话就不会搞混了。

岁

一岁不等于一年

本义：割

“岁”在甲骨文中，其形状是一柄弯曲的斧头，本义就是割，割什么呢？对此有两种观点：一派观点认为古时候麦子成熟的时候，要割麦，一年割一次，所以“岁”就逐渐演变成一年的意思；另一派认为割的不是麦子，而是人的身体——对人的刑罚。因为古时候每年都有一次祭祀，祭祀的时候就要对奴隶施加砍足的刑罚。

不管是割麦子也好，还是割人，本义都接近割的意思。

延伸义：一年

后来“岁”（歲）字割的本义消失了，逐渐演变为一年的意思，于是在篆文中，将“歲”（）的右边加了立刀（），变成“劌”（），

“刿”（劌）有了砍、割的意思。

“不要在太岁头上动土”

有一句话叫“不要在太岁头上动土”，所谓太岁，是指岁星——木星。古人认为，木星也就是岁星，是负责掌管人类的灾祸和幸福的。所以，“不要在太岁头上动土”是说迁徙、造房屋、出行、婚丧嫁娶等都不要对着岁星（木星）的方向，避免在这个方位上对岁星（木星）形成侵扰。

古时候迷信的说法是：如果你“在太岁头上动土”，就会在土里挖出一个肉块，那个肉块就是太岁之神，这是噩兆（后来太岁就演变为一个凶恶的神）。

“年”和“岁”有什么区别

汉代学者郑玄说：“朔数曰年，中数曰岁。”其中，“朔”指的是月亮历的初一——初一为朔。朔数曰年，就是月亮历的十二个月是一年。

“中数曰岁”指的是太阳历的二十四节气，地球围绕太阳公转一周叫岁。

简单地说，阴历的一年称之为年，阳历的一年就称之为岁，这是年和岁的一些细微的差别。

中国的天文历法将阴阳历合二为一，现在所说的农历也称为阴历，或者夏历。

“阴历”中有“阳历”，所以中国的太阳历和月亮历是合二为一的。比如某天正月初八，这是阴历（月亮历）的说法，但若说是立春之后五天，这就是阳历（太阳历）的说法。古代指导农耕播种的二十四节气对应的是太阳历（即地球围绕太阳公转一周，也就是一年的长度，古人将它分成二十四等份，即二十四节气）。

中国的太阳历和西方的阳历（公历）误差不超过一两天。

律

体会大自然的律动

本义：准则、规范、标准

“律”是个形声字，左半部分是双人旁（彳），和行走、道路有关，代表某种行为。右半部分的“聿”念“yù”，本义是笔，后来给它加了竹字头，就成了繁体的“筆”（甲骨文中，“笔”的形态就像是一只手抓着一支笔在写字的样子），这就意味着用笔书写某个指导人们行为的规范。所以“律”（）在甲骨文中的本义就是准则、规范、标准。

《说文解字》说，“律，均布也”，即平均分布。清代段玉裁所著的《说文解字注》解释：“律者，所以范天下之不一而归于一。”意思是“律”就是把没有秩序的事情变得有秩序、有准则、有标准。

《说文解字》取的是“一律”的意思，比如“法律面前人人平等”，强调的是它的一致性。

纪律、规律

“律”在使用时有两类表达，一类指规范，比如纪律（纪律的“纪”左半部分是绞丝旁，右边是“己”，它是个形声字。写法在甲骨文中，金文中，像绳子缠绕捆绑，意思是另起丝头作结记事，古时候是用绳子来记事的，“纪”就是另起一章，另外开一个头），就是在做事情的时候，要遵循的守则。

再比如规律，“规”的左半部分是“夫”，代表大人的意思。右半部分是“见”，就是要去见大人，向专家虚心求教，求教什么呢？求教规矩，这就是“规”的意思。

格律、乐律

“律”的另外一大类意思与声音有关。比如说诗歌有格律，音乐有乐律，这些“律”是宇宙自然相应的时候发出的声音，是一种大自然的规律（在中国古代，记录音乐的音高的时候，和二十四节气进行了结合）。

“平均律”：如果你对一件事做了很多次，就会逐渐接近成功

社会学有一个概念，叫平均律。它实际上来自统计学的概率理论，意思是尽管你无法知道你做哪件事会成功，但是根据平均律，如果你对一件事做了很多次，就会逐渐接近成功。

音乐里也有平均律，叫十二平均律。它将八度音程分为十二半音，便于转调，同时也便于很多人去学习欣赏。

“律”这个字除了是指导我们的社会性的法则之外，也是指导自然界的一种法则——声音的律，这能使我们知道大自然的规律，并在大自然的律动里，体会到我们和万物相融在一起的感觉。

黄钟大吕

吕

本义：骨节

“吕”的写法是两个口，上面一个口，下面一个口。甲骨文的写法也是两个口，。

“吕”的来源目前至少有三种说法。

第一种：跟制造金属的聚集地有关。

“吕”像两个铜钱的样子，所以跟冶炼和熔炼、制造金属的聚集地有关（包括后来姓吕也跟这个说法有关）。

第二种：唱和。

“吕”的两个口是唱和的意思。后来，唱和的本义消失，在“吕”的左边加了单人旁，成了“侣”，变成了夫唱妇随。

第三种：骨节，脊椎。

《说文解字》讲：“吕，脊骨也。象形。”意思是“吕”的本义是骨节，人体的脊椎骨，就是象形字。

目前，关于“吕”的本义是骨节的说法比较可信。因为“吕”在篆文中的写法是“膂”，上半部分是旅行的“旅”，下半部分是肉字底，其本义是脊椎骨（《说文解字》：膂，篆文吕，从肉，从旅）。

由此可见，“吕”从甲骨文转化到篆文的时候，作为“骨节”的本义是一直存在的。而说它是铜钱的本义已经很难考证；说“吕”的本义是“唱和”还有一点儿根据，因为后来另外造了一个“侣”字，有夫唱妇随的意思，而使其唱和之义有了溯源的依据。

“吕”姓多来源于姜姓和姬姓

“吕”是中国的一个大姓，目前在中国姓氏中排名四十三位。吕姓主要分布在中国的山东和河南，目前大概有 570 多万人。

吕姓实际上来源于姜姓和姬姓。这两个姓都跟我们远古时代炎帝的那一支有关。炎帝出生于姜水，所以姓姜。炎帝有个孙子叫太岳，太岳跟着大禹治水，被大禹视为心腹，也叫“心吕之臣”。

“心”指心脏，“吕”指脊椎骨，都是身体很重要的位置。所以“心吕之臣”是指既能扛事又能讲心里话，像心脏与脊骨一样重要的大臣。

后来太岳被赐姓为吕，吕姓就传下来了。

春秋时晋国公子重耳回到晋国当上国君后，将追随他的魏犨封为大夫，并将他的儿子魏锜封在吕地，人称吕锜。吕锜的子孙以封地为氏，称吕氏。

吕姓的另外一个来源就是从姬姓当中分出来的，当时，姬姓当中有一个从陕西被分封到山西的吕邑之地，在那个地方扎根下来，所以他的孩子后来就都姓吕。

吕姓是在历史上留下了很多重要人物的大姓，如吕不韦、吕后（汉高祖刘邦的皇后，掌权达十六年之久），以及道家的神仙吕洞宾等。

你知道“黄钟大吕”的来历吗

律吕是中国古代的校音器，也就是定音器，能够定音高。

在一年的二十四节气中，每个月的上半月的那个节气称为“节”，下半月的那个节气称为“气”，律吕的音高就跟十二个月的“气”有关。

律吕怎么跟十二个月的“气”对应呢？用十二根竹管（最长的九寸，最短的四寸六分）灌满用芦苇膜（葭莩）烧成的灰，按长短次序把竹管排列好，上边的管口齐平，下边长短不一，然后把它插到土里头，把土压实，再用布幔子遮蔽起来。这样做出来的律吕的音高是跟大自然的节气中的“气”是相对应的。

每年冬至节气的时候，阳气一生，第一根九寸长的管子里面的灰就会飞出来，同时发出“嗡”的声音，这个声音就叫黄钟。

这十二根管子分成六阴六阳两组，六根单数的属阳，叫六律；六根偶数的属阴，叫六吕。六律的第一个音叫黄钟，六吕的第一个音叫大吕，这是“黄钟大吕”一词的来源，它是对应着大自然里气的声音。所以说，“黄钟大吕”是“地籁”之音，由地气中所发出产生。

调

所有的完美都需要调和

本义：周密、周到、和谐

“调”的左半部分是言字旁（讠），右半部分是周。“周”（）在甲骨文中的写法是田字格，里面长满了庄稼，表示农作物长得很茂密，密不透风，水泼不进，“周”的本义就是完全周密的意思。

而“周”字的篆文写法为，外面是“用”字，里面是“口”字，

这说明“调”字与“周”和“用”字有关。

“用”（“用”最早的写法是占卜的“卜”，和中间的“中”的一个结合）的意思是什么？做事之前要先占卜，卜卦卜中了之后才能“用”。

在篆文的写法里，“用”（）加一个口为“周”，又表达什么意思呢？表示说话说对了，周密了。所以说，周的来源其实有两个不同

的说法，一个是田间庄稼的周密；一个是说话办事要周到。

然后，“周”的左边加言字旁，就是“调”（），表示声音调和，声音协调。《说文解字》说：“调者，和也。”总的来说，“调”和语言、音调有关，只有当它和谐了，它才是协调的，才是周密、周到的。

“调整”、“烹调”、“协调”、“调子”、“声调”、“不着调”

“调”是个多音字。读“tiáo”的时候做动词使用，比如调整、烹调、协调；念“diào”的时候，有调子、声调的意思。我们经常会说这个人不着调，意思是这个人不靠谱或者形容一个乐队里头有人滥竽充数，引申到为人处世上，说明这个人不是很值得我们去交往。

“五味调和”、“微调”

烹调的时候，讲究五味调和。五味指的是酸甜苦辣咸，五味调和就是指让食物的味道变得很协调、很和谐，滋味很丰富，能让我们食欲大开。

有时候，我们说“微调”，指的是很精细、很细腻地将事物调整到一个状态，直到把状态调整得和谐，接近完美。

阳

独阳不生，孤阴不长

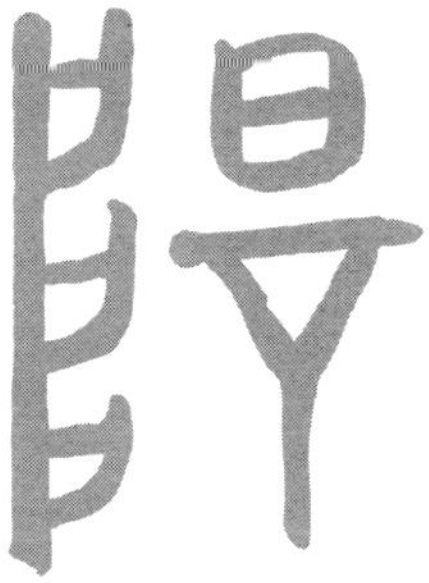

本义：太阳向下照耀，山的南面，水的北面

在甲骨文里，“阳”（陽）字的左半部分形状像山崖边的石头，右半部分写为，表示太阳向下照耀的样子，意思是白天太阳很明亮。所以《说文解字》中“阳”（陽）的解释是“高明也”。

有句话叫“山的南面曰阳，水的北面曰阳”。比如说衡阳在衡山的南边，洛阳在洛水的北面。之所以有这样的说法，是因为早期的人们集中住在黄河中游一带，即北回归线以北地区，阳光只会从南面照射过来，所以，山的南面是向阳的，就是可以被太阳照到的，所以称之为阳；而山的北边照不到太阳，自然就是阴。另外，对于低于地平面的水来讲，太阳不会照到河流的南岸，所以水的北面为阳。

《诗经》为什么说“君子阳阳”

“阳”是个通假字，通飞扬的“扬”。飞扬的“扬”有播散、散发的意思，这与阳气很盛有关，因为阳气盛，所以要散发出去，要运动。《诗经》中有句话叫“君子阳阳”，这句话的意思是君子意气昂扬，虽用太阳的“阳”字，但意思是昂扬。“君子阳阳”对应的一句话是《易经》中所言“君子终日乾乾”，也就是一个人精力旺盛、阳气足的表现。

那“君子阳阳”（用）和“潜龙勿用”（体）会不会发生冲突呢？这是哲学上的一个大问题，叫“体用之争”。何时明体，何时致用？这需要靠个人的修为和学养来灵活运用。如同老子所言“运用之妙，存乎一心”。君子阳阳，行不离道即在体中；潜龙勿用，自体壮大即是所用。这一点像 20 瓦的灯泡，要扩充本体才能到 50 瓦的灯泡的亮度。20 瓦的灯泡再怎么照亮也是 20 瓦的功用。体一变，用随之而变。

总释

『闰余成岁，律吕调阳』

“闰余成岁，律吕调阳”，合起来讲的是什么？讲的是时间、历法及大自然的规律。如果将这句话翻译成白话文就是将数年的闰余累积成一个月，加入这一个月时间的年份就是闰年。而古人用六律六吕来调节阴阳，并且产生音律。

“闰余成岁”也是用典，从《尚书·尧典》“以闰月定四时成岁”而来的。《千字文》几乎是通篇用典。这是古人作诗作文的一种讲究，叫“无一字无来历”，“无一字无出处”，处处从经典中来，又要从经典中翻出新意。《千字文》虽然简短，但信息量高度密集，每一句话都可以作一篇大文章，像“闰余成岁”，说的是天文学和历法学；“律吕调阳”，指的是音乐学和节气学。

伍

CHAPTER 05

『云腾致雨，露结为霜』

“云腾致雨，露结为霜”，说的是自然界的现象。“云腾致雨”是水汽蒸腾变成天上的云又变成雨落下来了；“露结为霜”是天气凉的时候，水蒸气凝结成露水，天气再寒冷一些，气温到零下以后就凝结成为霜。

云 · 102

腾 · 104

致 · 106

雨 · 108

露 · 110

结 · 114

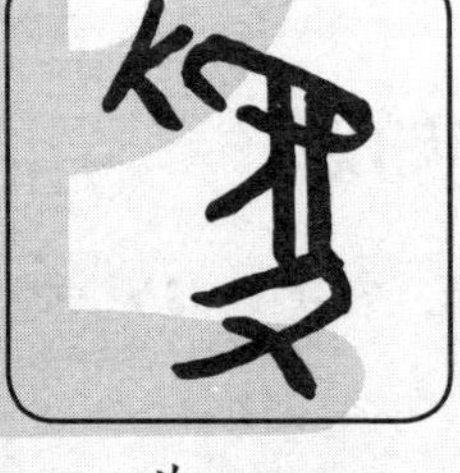
为 · 117

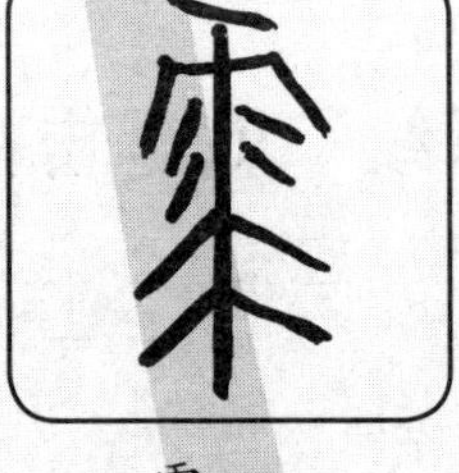
霜 · 120

云

云从龙，风从虎

本义：气团在天上飘浮

甲骨文中“云”（）上面的两横指天，下面一条弯曲的小线指的是浮云的状态，借指气团在天上飘浮。

“云纹”就是吉祥如意

中国古代是农耕文明，农民要靠天吃饭，雨水丰沛庄稼才能长得好，所以人们对云、雨就产生了崇拜心理。后来篆书中，“云”上面就加上了雨字头，写作。

《朱传》中说：“云：旋也。”因为“云”是气流，是不断流动飘浮的状态，它动态的变化就称之为旋。因为旋是千变万化的，所以古代产生了“云纹”的图案，并将它应用于布料、陶器以及青铜器上。象征着高深如意和青云直上，这都源于古人对云的崇拜。

“世事纷纭”、“芸芸众生”、“云蒸霞蔚”、“云霞”

“云”经常作为声旁使用，比如世事纷纭和芸芸众生里的“纭”和“芸”都有杂乱、杂多的意思，这两个字用的都是“云”的声旁。

“云”有的时候也作形容词或者动词来用，《吕氏春秋》中有“云气西行，云云然”一句，描述的就是云蒸霞蔚的状态。

另外，在李白的名句“云霞明灭或可睹”中，“云”“霞”其实是同一个东西，“霞”是云彩在早晨或黄昏经太阳光照射的状态，霞也是“云”的一种，所以云霞会经常连用，看上去或读起来很美。

男女之事为什么又叫“云雨之事”

《说文解字》说：“云者，山川气也。”因为“云”是大山里面、河流里的水蒸气在半空中遇冷液化形成的。《黄帝内经・素问》中也说：“地气上为云。”意思是地气上升后就变成云了。

因为半空中的云碰到冷空气后，又会凝结成雨落下来，属于阴阳交媾的关系，所以，“云雨之事”又代指为男女之事。

什么是“云从龙，风从虎”

在中国典籍里，我们有时候会说“云从龙，风从虎”，是说龙出来的时候，在云朵中时隐时现。为什么要把云和龙联系在一起呢？因为龙是主管天上下雨的，所以说“云从龙”。

腾

折腾之前一定要谋划好

三种意思：马奔腾的样子，马车，阉割的公马

关于“腾”，有三种说法。

第一种说法：形声字，指马弓起背。

“腾”是形声字，左半部分是月（肉）字旁，指马的身子；右半部分的“駦”字，也读为“téng”，“駦”的上半部分是“半”，下半部分是“马”。所以“腾”的意思就是马弓起背，通过身体的一张一缩，快速奔跑。

第二种说法：“腾”是马车的意思。

以“朕”字作为声旁，加了一匹马，指古代用于运输传递信件的马车。

第三种说法："腾"指阉割的公马。

"天气下降，地气上腾"，"把屋子腾出来"

"腾"通"滕"，"滕"字右下角是"水"，所以"滕"就是水向上奔腾翻涌的意思。

"腾"也被引申为形容云气上升的样子，如《礼记》中说"天气下降，地气上腾"。"地气上腾"就是水汽翻涌的状态。

我们还常说"把屋子腾出来"，这里的"腾"表示向上、向前的位移，意思是让出位置，留出空间。

做事有四种结果："吉凶悔吝"

《易经》中说，做事有四个结果："吉凶悔吝。""吉"就是成功，"凶"就是失败，"悔"就是后悔，"吝"就是心里不舒服。一件事情成功的概率只占四分之一，所以一定要谋定而后动，在折腾之前，先要策划好，要有谋略，尽量把所有因素都考虑进去，这样成功的概率才能大一些。

致

只有慢慢走，才能达到高明、精微的境地

本义：飞鸟落地，慢慢行走；到达

“致”字左半部分是“至”，有两个解释，第一个是《说文解字》给出的：“鸟飞从高下至地也。”说的是鸟飞而落地的状态。所以“至”字甲骨文的写法就是一只鸟张开翅膀飞翔，然后落地的样子。最下面的一横代表地面。所以“至”指的是“下及之鸟”。

还有些文字专家认为，“至”字最下面的一横表示的是地板或者床铺，而上面的形状是一个倒写的“交”，指一个倒卧的人，躺在地板或床铺上。其本义是古代狩猎的人回到家里，躺下休息。

但不管“至”是哪一个来源，“凡至之属皆从至”——凡是字里有“至”字旁的，都有“来了，到达了”的本义。

《论语》中说“凤鸟不至”，意思是凤鸟没有来。《荀子・劝学》中也说“不积跬步，无以至千里”，即如果不是一步一步地走，你是到不了千里之外的。这里的“至”都有到达的意思。

“至”还可引申为“极致”——到达了终点。

“致”的右边是“攵”，意思是慢慢行走。通过以上对“致”的分析，我们知道了左半边的“至”是鸟飞下来落地了，右半边的“攵”，就是两条腿慢慢走路的样子，所以“致”的本义就是飞鸟落地，慢慢行走的意思。

“致”通“至”，也有达到的意思。“致”的金文写法为。

“致”的智慧：“细致”、“精致”

“致”字有一种哲学上的智慧，即欲速则不达，你只有慢慢走，才能够到达目标。

我们常说的“细致”可以引申为周密的意思。还有“精致”，就是精细、周密的意思。也许，只有慢慢走，才能达到高明、精微的境地，才能达致精确的靶心。

『旧雨新知』『巴山夜雨』

雨

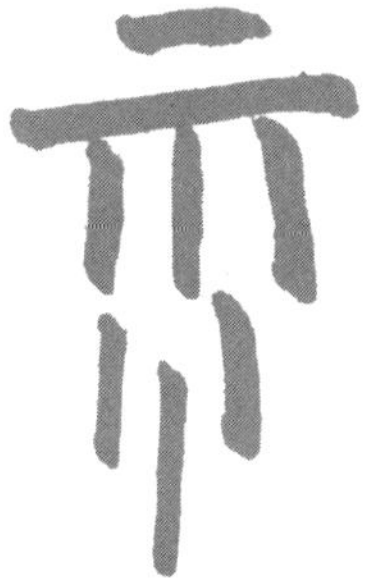

本义：天上下雨的状态

“雨”字最早的写法与现在区别不大。甲骨文中，“雨”（）上面一横代表天，中间像门一样的方框代表很厚的云层，框中间的一竖代表雨从上往下落的状态，里面的几个小点代表雨点。所以“雨”最早的意思是指天上下雨的状态。

“常时车马之客，旧雨来，今雨不来”

唐代诗人杜甫在《秋述》中说：“常时车马之客，旧雨来，今雨不来。”意思是以往那些乘坐车马的客人下雨的时候也会来看望我，但现在下雨的时候就不来了。这首诗表现了人情反复，世事冷暖，亲疏关系瞬息万变的现象。因此，后人就以“旧雨新知”来表示旧朋友和新朋友。“旧雨”代指老朋友。

如何用“雨”说透千年的离情别绪

李商隐有一首写雨的诗非常有名，叫《夜雨寄北》：“君问归期未有期，巴山夜雨涨秋池。何当共剪西窗烛，却话巴山夜雨时。”这首诗好在哪里？一般来讲，一个词或者一个意象不能在一首诗中反复使用，但是李商隐为了表达他的情绪，在这首诗中两次提到“巴山夜雨”。你问我什么时候能够跟你见面，但我现在还不知道这个时间——“君问归期未有期”，只能眼看着窗外的巴山夜雨慢慢从秋池里上涨——“巴山夜雨涨秋池”。何时我们可以秉烛夜谈，言笑晏晏——“何当共剪西窗烛”，可能还是像现在一样有巴山夜雨的时候吧——“却话巴山夜雨时”。一首诗，用了三个时空关系，当今的巴山夜雨，和将来的巴山夜雨，以及将来在巴山夜雨时回忆当今的巴山夜雨。汉语语义的丰沛，于此为极。

不要小看一个“雨”字，真的可以道尽千年的离愁别绪、思人之情。

露

人生如朝露

本义：夜间降温后，水汽凝结为露珠

金文中，“露”（）的上半部分是“雨”，本义是下雨时的状态。下半部分是“路”，“路”的左边是足字旁，与脚有关，与走路有关；右边是“各”，是会意字，《说文解字》中“各”是表示有人要前进，有人要阻止，两两不相听从，所以各走各的路。所谓“大路朝天，各走一边”，“你走你的阳关道，我走我的独木桥”。

“各”的左边加了“足”字旁，就称之为“路”，有的时候我们会说“不是一路人”，这很接近“路”的本义。

在秋天，白露的节气到了，在路边就能发现露珠。所以露水的露，就取“路”作声旁。还有，古人觉得露水与天上的雨水有关联，所以就给“路”加了雨字头。所以“露”的本义是夜间降温后，水汽凝结为露珠。

“露出”、“暴露”

当古人看见露水从草木中冒出来的时候，就把它引申为“露出”，比如说“你把手露出来了”，再引申开来，指“曝（暴）露”。太阳一出，看到露水；太阳再大，露水消失。暴为阳而露为阴，“暴露”一词，可见真相大白，并非今天的贬义词。

“吸风饮露”

道家的长生不老药中，露水是很重要的成分，所以《庄子》中形容神仙，用的就是“吸风饮露”一词。甚至汉武帝曾经修了一个楼台，叫承露盘，专门接上天的露水，来追求长生不老。

《红楼梦》中宝钗得了热病，咳嗽，一个方外人士给她开了一味药叫“冷香丸”，冷香丸用 12 种花，加上白露节气的露水、同年雨水节气的雨、霜降节气的霜、小雪节气的雪才能够调配而成。后来有很多人也尝试调配，但是到现在为止还没有听说实验成功。

你看，同样是风露，“吸风饮露”的境界和“风餐露宿”的境界，就完全不一样。前者是成仙的境界，后者是人间受苦的境界。可见，处于同样的现实境界，心境不一样，个体的感受也不一样。安贫乐道者，是吸风饮露的境界；安贫离道者，是风餐露宿的境界。

“孔子云，何陋之有？”（刘禹锡《陋室铭》）“君子被褐而怀玉。”（陶渊明）这都是说“境不夺心”，外在的环境影响不了内在的定境。但我们不能把这样的话变成麻醉品，安于现状，不思进取。无论是贫穷还是富有，都不能失掉一颗赤子之心，这才叫“境不夺心”。否则，一穷就抱怨，一阔就翻脸不认人，这叫“心为境夺”。

“白露”、“寒露”

二十四节气中有两个跟“露”有关的节气，一个是阴历八月份的节气叫“白露”，另外一个是阴历九月初一的节气叫“寒露”。白露指露水刚刚开始，寒露指天气已经很寒冷，露水快要变成霜，意味着秋季向冬季转换的时节。女孩子取名喜欢用“露”或“白露”，正是取其寒凝之意，露水如珍珠，楚楚动人，也符合女性属阴的本性。

“对酒当歌，人生几何！譬如朝露，去日苦多。”

诗句“朝露待日晞”是什么意思呢？意思是当太阳出来的时候，早上的露水就要慢慢地蒸发了，慢慢就不见了。曹操也有这种感叹：“对酒当歌，人生几何！譬如朝露，去日苦多。”是说人生很短暂，就像早上的露水一样，太阳一出来就挥发不见了。所以人生看起来很长，但是一眨眼的工夫，白驹过隙。所以古人经常用露水、朝露来形容人生的短暂和无常。无论你有多大的功业，最后都如梦幻泡影。这个泡影还很小，就像朝露一样不值一提。但是放大来看，你的胸襟、格局就大了，不再纠缠于人情世故，过不去的坎，要抽离出来。

人最重要的是养成格局，格局一大，大事变小，大的压力也变小了。“吃地沟油的命，操中南海的心”算不算格局大？算不算胸怀天下？算！因为整个人类的命运是一个共同体。你的思维所极处，就是你的边界。中国很多隐士，布衣而忧国忧民，我们不应该对此冷嘲热讽。现在按现代性的说法叫参与公共生活，对公共议题发表意见。如果我们不参与公共生活，那我们的人生和一个奴隶或一个动物的区别大不了多少，即便物质上获得一些富足，也不过是一个“精致的利己主义者”而已。

是路宽一些，还是道宽一些

“道”、“路”、“途”这几个字在今天看来意思相近，但在古代这几个字的区分还是很明显的。“途”，一个走之底，加一个“余”，“余”指简易的房子或摆放杂物的地方。这里指简易的客舍，所以“途”是指路经一地，歇脚的地方。

《周礼》中说乡村公路称为“途”，能够过一辆马车，也称之为“一轨”；能过两辆马车的称为“道”；能过三辆马车称为“路”。如果有人问是路宽一些，还是道宽一些，那么你就可以告诉对方，古代的时候路要比道宽，路有三轨，道有两轨，途有一轨。

冤家宜解不宜结

结

本义：古人结婚时将丝线系在胸前，打上结，以示两人密不可分

“结”字左半部分是绞丝旁（纟），表示丝线交织的样子；右半部分是“吉”（吉字上半部分是武器的样子，下半部分是口，或者说是容器）。有两种解释，一种解释是武器放在容器里，不需要动用武力解决问题；第二种解释是“吉”上半部分的武器是“王”——大斧头，本来是由国王佩带的武器，后来逐渐变成礼器。下半部分的口代表王在祈祷、在祭天——王在祭天也代表着吉祥。但不管是哪一种解释，“吉”字的本义是吉祥。《周书》中说：“礼义顺祥曰吉。”因此“吉”有喜庆、欢喜、祥瑞的意思。

“结”是形声字，篆文为，“吉”是它的声旁。用“吉”作声旁的字还有很多，比如“桔”、“洁”等。

所以，“结”的本义指古人结婚时将丝线系在胸前，打上结，丝线交织，密不可分，称之为“结”。所谓夫妻结为连理，就是两个人你中有我，我中有你，不分彼此了。“结发之妻”意思是两人有发肤之亲，纠结在一起的关系。

“结党”、“结拜”、“结仇”、“冤家易解不易结”

“结党”，那就是互相要宣誓的。

“结拜”，我们知道的桃园三结义的结拜，是“不愿同年同月同日生，但愿同年同月同日死”，那叫拜把子兄弟，是能割头换颈，互相能够为对方付出生命的。

“结仇”，就是变成仇人的意思了。

“冤家宜解不宜结”，就是你要有什么恩怨，有什么仇恨、怨气，那么要化解开，不要变成一个复仇行动。

“结果”、“结冰”、“结缔”、“结结巴巴”、“了结”、“结束”

我们常说“结果”，“结果”是阴阳相交才出现了果实。

结冰则是引申义了，是说液体转化成固体这个状态。

“结”字在《说文解字》中的解释是“结者，缔也”。我们通常讲，动物的身体除了肌肉之外还有脂肪和结缔组织，结缔组织的功能是连接骨骼、肌肉，所以“结缔”就是把两个东西连接起来的意思，比如两个国家、两股势力等。

有一个很形象的说法，说一个人说话“结结巴巴”，这里的“结”是疙瘩的意思。

我们常说“了结”一件事情，就是把事情做一个记号，打一个结。古人在结绳记事的时候，为了便于记忆，在事情做完时，要在绳子上打个结，表明这个事情做完了。后来就用“了结”指代一件事情完成。有点像今天的人用“手帐”，或用记事本罗列事情，然后打勾表示完成。

而“结束”的“结”有终结的意思。

总的来说，“结”字的用法非常丰富，但又有章可循。

为

顺着潮流走，就是无为；
逆着潮流走，就是有为

本义：牵象驯化，指挥大象干活劳作

“为”字有两个读音，一是“wéi”，一是“wèi”，比如“为人民服务”。

“为”（為）字甲骨文的写法，上半部分是一只手，有抓和牵的意思，下半部分是大象的象，所以“为”就是用手牵着象。

“为”的繁体字“爲”，很长的那一撇代表象的鼻子。所以“为”的本义是牵象驯化，指挥大象干活劳作。

干活、劳作、作为

简化字“为”是从草书转化过来的，已经和繁体的“爲”字联系不大，所以很难从简化字中找到它的本义。

《尔雅》中说："为"就是"造作"，"造"是创造、制造；"作"是制作、劳作。《广雅》中说："为者，施也。""施"就是去干，去做，去给予。所以后来"为"引申为干活、劳作、作为。

"无为"就是跟着趋势走

《道德经》中说："为无为，则无不治。"有学者考证说，"无"最早指的是一种能沟通天地的舞蹈。"无为"是貌似无，实则有，看起来什么都不做，实际上是什么都做了。所以"无为而治"就是说当你想要无为的时候，其实已经在有为了，因为思想上已经有念头了。

真正的"无为"是什么呢？是顺应事物的规律，跟着趋势走，达到自然的状态。如孙中山所说："世界潮流，浩浩荡荡，顺我者昌，逆我者亡。"意思是顺着潮流走，就是无为；逆着潮流走，就是有为。当我们想达到什么目标的时候，先要知道事物发展的规律和趋势，因为只有分析趋势、把握趋势的时候，才能够预测事物的规律，才能达到"无为"的境界，就如一只苍蝇想从北京到上海去，自己是飞不过去的，但是假如它钻到一辆去上海的车子里，它在车里实际上没有动，但是也能从北京到达上海，这就叫"无为"。

要真正认识到"无为"，首先要了解"有"和"无"、做和不做的关系。有时候你以为不做是对的，但其实产生不做的念头已经是"有为"了；有时候你以为去做是对的，但实际上你没有看清楚事物的发展规律，就变成了"逆我者亡"。

“有所不为，有所必为”

后来人们在“为”字的左边加了人字旁，就是“伪”。“伪”是指人工、人为的状态，与自然的不同，就是假的。《道德经》中说：“智慧出，有大伪。”意思是当人都去自私用智的时候，就会出现“大伪”——束缚人类天性的东西。所以《道德经》主张“绝圣弃智”，就是要把人自以为的高明，自以为的智慧，实际上是自大的心态打破。

因此在了解了“无为”后，也要了解“有所不为，有所必为”，这是小说家古龙的一句名言。因为你只有知道哪些事是天为的，你才不会贪天之功；知道哪些是人力可为的，你才会去积极争取。这是做人的一个绝大的学问。

霜

经霜的果子更甜美

本义：接近地面的空气在零度以下凝结成的白色晶体

“霜”在金文中的写法为，上半部分是“雨”，下半部分是树枝枯败的样子，有人认为“霜”的下半部分像是倒写的“毛”（）。有些“霜”的金文写法，不仅有表现树枝枯败的笔画，还有表现果实的笔画。果实代表什么呢？可以解释为果实被霜打了，所以在篆书当中“霜”写为，就把果实写成了“目”字形状（有学者认为“目”代表的不是果实而是表示结晶状态，但目前没有旁证，只能各持一说）。所以“霜”的本义是指在零度以下的低温中，接近地面的空气遇冷凝结成的白色晶体。

“霜”可以导致植物枯败，同时又可以促进植物成熟。有时候形容一个人蔫了的状态，就说这个人像“霜打的茄子”一样。

两鬓如霜

“霜”形成的结晶一般是白色的，所以平时我们形容一个人头发的两边白了，叫两鬓如霜，这里的“霜”就是指代白色。

经过霜打没有败掉的果实会更甜美

霜降是二十四节气当中的第十八个，也是秋天的最后一个节气。从霜降开始，季节就转向冬天了，霜降之后，就是立冬。

所以“霜”字在《易经》中的解释是“履霜坚冰，阴始凝也”，意思是阴气开始渐渐汇聚起来，阴气开始凝结的状态对应的就是打霜。

《淮南子》中说：“霜者丧也。”“霜”和“丧”，音相近则义相近，这是它的第一个解释。第二个解释正好跟这个相反，认为“霜”是“成物者”，意思是“霜”既可以打击事物，同时也有成就事物的一面。比如冻柿子的表面一般都有一层霜，这是由于水分蒸发，果肉干燥，柿子里面的糖分往外渗透而形成的，我们所看到的“霜”实际上是葡萄糖的粉末。所以霜降后的柿子特别的甜。

古代结婚为什么往往会选择霜降这一天

我们有的时候会用到“遗孀”这个词，是指死了丈夫的女人。那么，为什么要叫遗孀呢？因为古代结婚和“霜”字是有关系的。古代结婚往往会选择霜降的这一天，这又是为什么呢？因为霜降这一天是

“阴始凝也”，所以要把女人接回家，女人代表着阴。所以古时候结婚一般都是放在秋冬季，因为秋冬季是属阴的。

理解“霜”，最重要的是要理解它的两面性——既有使万物丧失生机的意思，又有“成物”的能力。

总释

『云腾致雨，露结为霜』

“云腾致雨，露结为霜”，说的都是自然界的现象。云是水汽蒸腾上天变成云，实际上云腾就是腾云的意思，“云腾致雨”就是水汽蒸腾变成天上的云又变成雨落下来了；“露结为霜”是天气凉的时候，水蒸气凝结成露水，天气再寒冷一些，气温到零下以后就凝结成为霜。这句话也对应着中国二十四节气当中很重要的几个节气：谷雨、白露、寒露和霜降。这两句是我们日常能看到的自然现象，云雨露霜，和温度降低有关。气温再低，就有雪和冰了。

陆

CHAPTER 06

『金生丽水，玉出昆冈』

古人的经验中，金沙江（丽水）产金，昆仑山出玉（和田玉）。玉经常用来喻君子品格或才华出众之士。有时“金生丽水”也表述为通过查看降雨量或河流，来推测矿藏的方位。

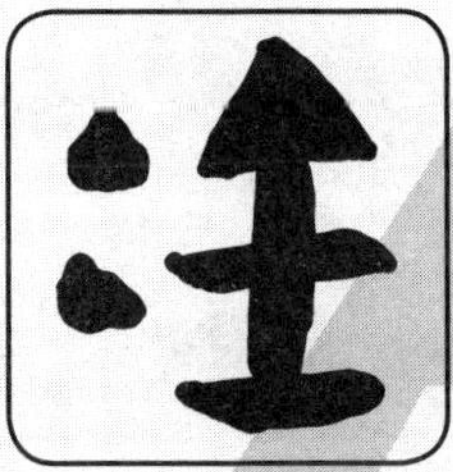

金 · 126　生 · 128

丽 · 131　水 · 133　玉 · 135　出 · 138

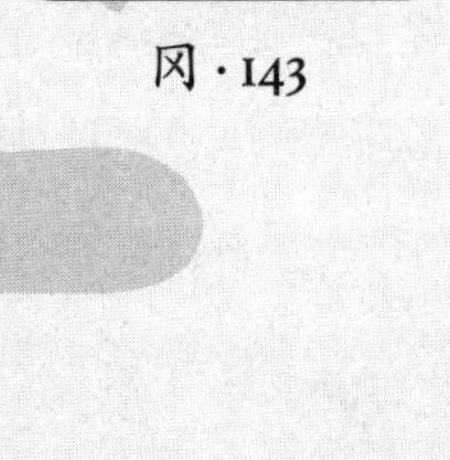

昆 · 140　冈 · 143

金

每一寸『今天』都价值连城

本义：埋在土中的金砂

“金”字的声旁是“今”，所以“金”字在金文中写为，左边是两点，有文字专家考证，认为这两点代表沙粒；而右边的上半部分是“今”的形状，下半部分是土的形状，代表地矿，说明“金”这种金属是埋在土里或沙中的，所以“金”的本义是埋在土中的金砂。

有专家认为，“今”的本义是“吟”，指低头说话的意思。“今”是倒写的舌头或口的形状。后来本义另造了一个字“吟”，而将“今”引申为今天、现在。

在后期演化过程中，“金”字变成上面是人字头，下面是王，两点都在左边的样子，这也是金文的写法；金文中也有把“金”（）写了四个点的，且四个点平均分布在王的格子里中。

上古的时候，“士”就是王的意思，金文中“士”（）是一个

斧头的形状，这是由“王”佩带，象征王权的礼器，“王”的本义就是一个巨大的战斧。所以另一种观点认为，“金”字下半部分就是一把战斧，上半部分是箭头，而不是作为声旁的“今”。且这一派认为“王”的左边格子中的两点不是沙粒，而是要做武器的金属块。总之，不管是哪一派说法，我们都知道“金”后来变成所有金属的统称。

“金声玉振”、“金风玉露”、“金子般的心”、“一寸光阴一寸金”

说到“金”字，大家通常会想到黄金。黄金有几个特点：第一，耐高温；第二，抗腐蚀；第三，延展性好，所以黄金可以做成各种饰物，如耳环、戒指、手链等。由于这种物质稀少，所以很贵重，后来慢慢就变成了货币。现在黄金仍然是财富的象征。

后来，随着“金”字的意义不断丰富，它可以形容很多美好的事物，如“金声玉振”、“金风玉露”、“金子般的心”、“一寸光阴一寸金”等。总之，作为物品，它是昂贵的，一个东西一旦可以与黄金相比，就显得弥足珍贵了。

生

生生不息

本义：草木破土而出

“生”字的来源有两个说法，第一个说法是指事字，“生”字甲骨文的写法很简单，就是草叶发芽，向上生长的状态，最下面的一横代表地平线或者地面、土地。后来“生”字在演变过程中变成了会意字，即在芽的中间加了一个小圆点，就变成“土”加新芽的状态。

《说文解字》说：“生，进也。”“生”指前进，进展，其本义就是草木破土而出。

“无中生有”、“生生不息”、“夹生”、“生硬”

“生”也意味着从零到一，从无到有，本来没有的东西，凭空生出来了。且本来只是一个小种子，存在于黑暗地下当中，谁也看不见，却克服了重力，生长发芽，向天空去发展。所以我们经常会说上天有好生之德，是因为老天孕育万物。

《易经》中的乾卦，意味着生生不息，如“天行健，君子以自强不息”。所以“生”的本义是从生命开始的，后来又指“年轻的”，比如对于还没成熟的，就称之为“生”。

我们常说“夹生”，意指事物还没成熟，还在发展和成长成熟的过程当中，类似的还有“这个东西很生硬”，也是还不成熟的意思。

好好谋生

对于个体而言，我们每个人都是一个生命，我们一定要知道生命的状态是什么。比如谋生，就是要取得生存权，我们首先必须要活下来。除了生存，我们还得有生活，生活质量还要更高一些，让我们觉得生活很有滋有味。所以我们会追求一些物质和享受，追求一些条件的便利，这都是为了让生命处在比较舒适的状态。有了谋生和生活，人还会追求精神境界，会追问生命的本质是什么，什么是一个人生来的天命？这辈子来人世一趟的使命是什么？所以，谋生、生活、生命三位一体，境界高低各有不同。

丰子恺说：“人生是三层楼。”第一层是物质生活，第二层是精神生活，第三层是灵魂生活。物质生活对应着谋生和生活；精神生活和灵魂生活对应着追问生命的意义。

“人生忽如寄，寿无金石固”

除了谋生和生活之外，人的精神还不满足，所以人就会去追问，我活着究竟是为什么？古希腊的哲学家会说：“我是谁？我从哪里来？我到哪里去？”这都是对生命的追问。

《古诗十九首》中有很多中国人对生命的喟叹，其中有一篇，开头写：“驱车上东门，遥望郭北墓。”意思是一个人出行，出城门后别的没做，却去眺望城北的墓。这种心境，就有对生死的体悟和追问了。后面写“人生忽如寄，寿无金石固”，是说人在世上活着太短暂了，就像在别人家里歇歇脚。意思是你没在自己家，那你的家在哪里呢？你来自哪里呢？人从无中来，又将回到无中去。“无”才是你的家。“无”中生出的这个“有”是你这一世。你要用好这个“有”，付出百分之百的努力。同时也要知道，“无”才是你的归宿。这是值得每个人思考的大问题。如此一来，他人看重的“有”，不过是“神马都是浮云”。你既要积极进取，又不要和他人一般见识。有句俗话说，“得之我幸，失之我命”，就是这个意思。

丽

美丽的东西一定有它的原因和道理

本义：鹿头上的漂亮鹿角

在甲骨文中，“丽”（麗）字的写法特别复杂，上半部分是一对鹿角，下半部分是鹿身体的形状。所以“丽”字的本义是指长在鹿头上成对的漂亮的鹿角。

“伉俪”、“美丽”、“附丽”

“丽”字有两个引申含义，一是成双成对。《小尔雅·广言》说：“丽，两也。”即“一对”，所以感情好的男女结成夫妇，称之为“伉俪”。“俪”是“丽”的左边加了单人旁，表示成双成对的男女。二是美丽，因为鹿角很大，很引人注目，且是成对的，所以看起来很美丽。

此外，“丽”还有“附丽”的意思，即依附、借助。比如月亮借助于太阳的光芒发光，就可以说月亮是附丽于太阳的。古时候，女性要依附于男性，如果一个女性嫁给一个男性，就称之为“附丽”，因为在古代，女性是弱者。

《说文解字》对“丽”的解释是：“丽者，旅也。”为什么是旅呢？因为鹿的肚子饿了，就要到处旅行，去觅食。

“离，丽也”：互相在争长短的一个状态

离

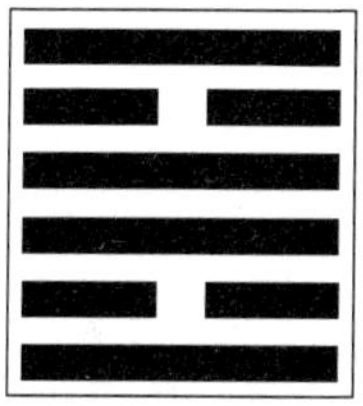

“离”卦卦象

上九，王用出征，有嘉折首，获匪其丑，无咎。

六五，出涕沱若，戚嗟若，吉。

九四，突如其来如，焚如，死如，弃如。

九三，日昃之离，不鼓缶而歌，则大耋之嗟，凶。

六二，黄离，元吉。

初九，履错然，敬之无咎。

离：利贞，亨。畜牝牛吉。

《易经》的离卦解释为：“离，丽也。”离卦的卦象是两个火在一起，对称结构，且两个火都很明亮。因此离卦就是做事具有明亮、火焰、光芒的特点，但是同时它也潜伏着危机，因为离卦是由两个火组成，两个火的明亮会互相比较，会产生问题。它不是阴阳和谐的状态，是互相在争长短的一个状态，这是它好的地方，同时也隐藏着危机。

水

上善若水

本义：从悬崖上飞溅而下的山泉

“水”字的甲骨文为，中间是一条弯曲的线，代表的是悬崖，而两边的虚线代表的是从悬崖上落下来的泉水，因为水最早是从山上流下来的。所以水的本义是从悬崖上飞溅而下的山泉。

“泉”、“水”、“山涧”、“溪”、“川”、“河”、“江”、“海”

古时候不同状态的水有不同叫法。水在山上叫作“泉”，也叫山泉；水从山上落下来叫作“水”，如瀑布；水落到山沟里，叫作“山涧”；在山底下形成的流水，叫作“溪”；溪水再向下流就形成了“川”；川汇集在一块儿叫作“河”；河汇集在一块儿叫作“江”；最后大江东去汇入“海”。

“水”位置的变化是由高到低的，不同状态的水有不同的称呼。

“水”有八德:“义”、“道”、“勇”、“法”、“正”、“察”、“志”、“化”

中国人认为水代表很多品德和智慧。老子说:“上善若水，水善利万物而不争，处众人之所恶，故几于道。”意思是水有最好的品德，万事万物都离不开水，如人体的 90% 都是由水构成的，人可以三五天不吃饭，但是三五天不喝水就会渴死。“处众人之所恶”——大家都不愿意往低处去，人往高处走是人的本性，但是水却向低处流，去大家不愿意去的地方。所以说水的特质和“道”比较接近。

《孔子家语》中说，水有八种品质。

第一种，水流动的时候，循着自己的规律，顺着道路流布的，所以水有“义”的品质；

第二种，水流浩浩荡荡，会形成水路，在水上可以坐船，也可以使物品漂流，所以水有“道”的品质；

第三种，水从高山上飞流而下，它并不害怕，所以“水”有“勇”的品质；

第四种，一杯水放在那，一会儿就平静了，不会肆意横流，所以水有“法”的品质，能守住自己，有原则；

第五种，水不会向任何事物求回报，也不会有企图心、分别心，它只是很盛大地往前流，所以水有“正”的品质；

第六种，水能映照万物，所以水有“察”的品质；

第七种，水一直朝东边坚定不移地流动，所以水有“志”的品质；

第八种，水能让万物变得干净，所以水有善“化”的品质。

玉

人养玉一年，玉养人三年

本义：被串起来的玉等珍玩宝石

“玉”字甲骨文的写法为，有点儿像丰收的“丰”的简体字。其本义是被串起来的玉等珍玩宝石。

“王”字旁的字大多与“玉”相关

在金文当中，“玉”和“王”的字形非常相似。那么如何进行区分呢？金文中“玉”（）的三横是平均分布的，而“王”（）上面两横的距离近一些，和第三横的距离远一些。后来古人为了区别这两个形态比较相近的字，就给“玉”加了一个点，而“王”字一直保留到今天，也作偏旁部首。王字旁准确的说法是斜玉旁，很多王字旁的字，其实是“玉部”的，且意思和玉有关，如珍珠、玛瑙、珊瑚、琥珀，等等。

玉有五德：仁、义、智、勇、洁

古人为什么这么推崇“玉”，其实是有原因的。

《说文解字》说：“玉，石之美者，有五德，润泽以温，仁之方也。”——“玉”很温润，体现了仁者的精神。

“理自外，可以知中，义之方也。”——从外部观察玉可以看到它里面的纹理，代表它有仁义的义的精神。

“其声舒扬，专以远闻，智之方也。”——它的声音很好听，传得很远，是智慧的象征。

“不折不挠，勇之方也。”——宁为玉碎，不为瓦全，是勇气的象征。

“锐廉而不忮，洁之方也。”——“玉”即使摔碎了，断口锐利，它也不会因嫉恨而伤人或以此求得好处，因此玉是廉洁的象征。

后来把玉和有道德品质的高尚的人联系起来，所以叫君子如玉。

“玉”在古代是祭祀用的礼器

《周礼》中说：“以玉作六瑞，以等邦国。”在这里“玉”变成了礼器，什么意思？是只有皇帝祭祀的时候所用的礼器全部是玉制的，以下五个等级的人祭祀，用玉的数量递减，第二等级是四玉一石，第三个等级是三玉二石，以此类推。古人把玉变成礼器，是为了能够规定道德伦理和世俗层面上的等级关系。

“礼”（禮）字在金文中的写法为，字形就是几串玉放在“豆”

里面的样子，“豆”在古代指的是高脚的器皿。这个器皿就是在祭祀的时候，用来装祭拜的用品的。《说文解字》说“礼”是“事神以致福也”，意思是“礼”是用来沟通天地鬼神，为神服务的，以礼侍天才会有吉祥和福报。

目前发现的最早的玉源自八千年前的旧石器时代，那个时候玉是作工具用的。工具包括武器，包括劳动工具，所以那个时代又叫玉兵时代。后人在使用玉的过程中，发现它不仅仅具有实用功能，同时还有审美价值。所以，就把玉的地位逐渐提高了，后来玉的功能性就丧失了，而它的象征性就突出来了；它就不是一个实用的工具，而是一个可以佩戴来标志不同等级的象征工具。

古代道士在炼丹的时候，经常会加一些金属一样的矿物质在里头，那么玉也会添加。用现代科学解释，可能有几点：第一点，玉里头含有人体需要的微量元素；第二点就是玉的放射性和人体的放射性的频率是比较接近的，所以称之为谐振，可以影响人体的新陈代谢。

人养玉一年，玉养人三年

民间有一个说法：“人养玉一年，玉养人三年。”玉先通过纹理脉络吸收人体的气血，之后再回馈给人体。在过去，王公贵族买一块新玉后先要给小老婆戴，戴了一年，把玉养好了，自己再戴。

出

每个人在少年时都有过离家出走的梦想

本义：出门远行，出发

有一句俗语叫：“两个山字一摞，请出。”实际上“出”字最早并不是由两个山字组成的，直到隶书的时候“出”（）字才写成现在的样子。早期的“出”字上半部分是“止”字，下半部分是“口”字，也有人说它是房子或洞穴，引申为城市。

现在的学者更倾向于认为它是比较早的文字，有可能是指先民在原始社会的时候居住的洞穴。古文字专家考证，西周的铭文当中房屋的写法就是“口”，或者像一个凹陷的弧形的样子。所以“出”字可以理解成“出门”的意思，即脚尖向前，后面是他的居所。后来“出”就引申为离开城市，去行军打仗，所以“出”除了有出门的意思，也有出征的意思。

“出”字的甲骨文写法为，在“上止下口”的基础上在左边加了双人旁，所以“出”的本义就是要出门远行、出发。

生长、长大、露出

《说文解字》说：“出，进也。”即“出”是长进、前进的意思。“象草木益滋，上出达也。”这句话把“出”含义引申为生长、长大、露出的意思。

每个人在少年时都曾有过离家出走的梦想

余华写过一个短篇小说叫《十八岁出门远行》。这篇小说写的就是“出”的状态，想离家出走，找到一个自己内心向往的方向或者理想。

其实我们每个人都曾在少年的时候怀着对世界的好奇心而有一个离家出走的梦想。这个梦想有可能是因为对这个世界的好奇心，也有可能是因为情感上或者情绪上出了问题。少年时代，离家出走是个很敏感的问题。孩子处在叛逆期，“不对付”或者“专门对着来”其实和孩子身体的激素分泌水平旺盛有关。所以，这个阶段家长应该更加宽容地对待孩子，这个时候给予孩子相对的自由，意味着孩子可以更早地独立。

昆

我自横刀向天笑，
去留肝胆两昆仑

本义：烈日下劳动的人们

金文中，“昆”（）字上面是“日”，太阳的意思；下面是“比”，意思是两个人挨在一起，很亲密的状态。

《说文解字》说：“比者，密也。”意思是两个人挨得非常近。有一句成语叫“朋比为奸”，说的是两个人互相勾结一起去干坏事。“朋”就是肉挨着肉，“比”在甲骨文中为，像是两个人勾肩搭背，表示很亲密的样子。孔子说：“君子周而不比。”意思是君子做事很周到，对所有的人一视同仁，不互相勾结，谋取私利。

“比”还可以从密引申为多。

因此，“昆”的本义是在烈日下劳动的人们，甚至极有可能是指在烈日下劳动的奴隶。

“昆虫”、“昆仑山”、“有物混成，先天地生”

“昆”可以引申为众多。《说文解字》说：“昆，同也。”“昆”是共同的意思。《大戴礼记》中说：“昆者众也。”“昆”有众多、密集、共同的含义。如“山”字旁加“昆”，就是众多山峰的意思；“昆仑山”也由众多山峰组成，所以是很大的山脉。

我们常说的昆虫，是指密密麻麻的很多小虫子；“昆”左边加三点水就成了混浊的“混”，意思是很多条溪流汇聚。老子在《道德经》中说：“有物混成，先天地生。”意思是在天地万物诞生之前，宇宙是混沌状态，就像个大熔炉，有很多元素在一起组合裂变发生化学反应。这是道家的宇宙观，与“混”字有很大关系。

“昆友”、“昆弟”、“昆明”什么意思

“昆”还有一个用法指年长的人，如昆友，是指比自己年龄大的好朋友；昆弟的“昆”，指兄弟间年龄稍大的兄长。

此外，“昆”还有明亮耀眼的意思，如昆明的“昆”也是明的意思，昆明地处云南，海拔高，所以它的光线照射条件很好。

昆仑山是人们心目中很重要的高度——我自横刀向天笑，去留肝胆两昆仑

“我自横刀向天笑，去留肝胆两昆仑。”这是谭嗣同在戊戌变法失败之后写的诗句，希望能够唤醒国民麻木的神经。这是一首非常有气

概的诗。其中，“去留肝胆两昆仑”完全说出了“昆”的状态——肝胆相照，明亮映照众多山脉聚成的昆仑，意思是即使我死了，我的肝胆也会像两座昆仑山一样巍然屹立而不朽。这是什么样的凛然大义，读者可以体会。

冈

很凶险的山岭之地

本义：野兽经常出没，猎人设伏的山脊

“冈”的简体字是内外结构，外面是像门一样的结构，里面是一个叉。金文“冈”的写法是，上面一个“冈”代表用网捕猎，下面是山，表示设线张网的捕猎位置，这个位置就是山脊。因为野生动物划分领地，常以河流山脊为界，山脊是野兽经常活动的线路，也是猎人张网设伏的理想位置。所以“冈”造字的本义是指野兽经常活动，猎人张网设伏的山脊。上面是一个“网”，下面是一个“山”。《释名》说：“冈，亢也，在上之言也。”山坡的最上面称之为“冈”。

矮点的山称之为“岗”，高一点的山称之为“冈”

“冈”上面再加一个“山”字就变成了“岗”。古时候，“岗”和

“冈”是通用的。岗是后造字，是冈的俗字。冈为平声，岗为上声，岗有时也为第三声。但作为特指的时候，它们的写法就固定了，比如说“岗哨”、“小岗村”，再比如“井冈山”还是“井岗山”，都不能弄错，所以现代汉语中“岗”和“冈”是有区别的，矮点的山称之为“岗”，高一点的山称之为“冈”。

总释

『金生丽水，玉出昆冈』

古人的经验中，金沙江（丽水）产金，昆仑山出玉（和田玉）。玩玉的人认为只有和田玉才是真玉，就跟某些爱喝酒的人只认茅台酒一样。玉经常用来喻君子品格或才华出众之士。魏晋名士陆机、陆云两兄弟为华亭昆冈（今松江小昆山）人，后人仰其名声，将二陆喻为美玉，以“玉出昆冈”赞誉二陆。

萧吉的《五行大义》中说：“金生水者，少阴之气，温润流泽，销金亦为水，……故金生水。”古代挖矿，没有现代技术，用五行原理，金方位上是西边，越往西，藏金越多。而且藏金的地方雨水多，所以有时也表述为“金生丽水”，通过查看降雨量或河流，来推测矿藏的方位。

柒

CHAPTER 07

『剑号巨阙，珠称夜光』

“剑号巨阙，珠称夜光”是一个对仗句，讲的是历史上最有名的剑——巨阙剑和最有名的珍珠——夜光珠（夜光珠是可以在晚上发亮的珍珠）。

剑 · 148

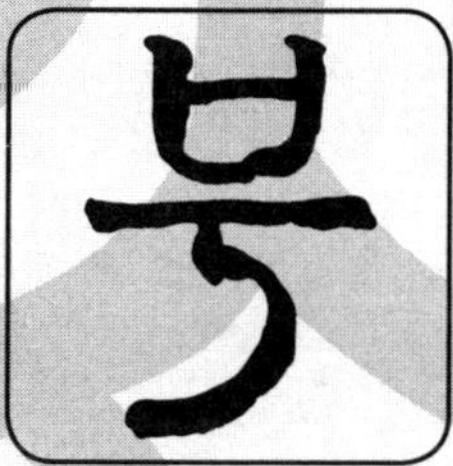

号 · 152

巨 · 154

阙 · 156

珠 · 158

称 · 160

夜 · 162

光 · 164

剑

男儿当提三尺剑，立不世之功

本义：“刃”

“剑”字左边是“佥”（qiān），与“签”通假。“佥”是“剑”字的声旁，《说文解字》说：“从刃，佥声。”意思是“剑”字取“佥”字的读音，而其义则来自“刃”（因为“剑”字的小篆写法，右边是个“刃”，后来简化为立刀旁“刂”）。刃是开口的刀，一面锋利。两面开口的刀，两面锋利，就变成剑了。有个成语叫“舍刃无利”，离开刀刃这个物质基础，那么锋利这个属性就不存在了。这个成语也常常用来形容“物质”和“精神”的关系。没有物质基础，精神表达不出来的。中医理论则用“形”和“气”，或“质”和“气”的关系来表达，说一个东西有形无气，或一个人“气质”怎样。无形为气，有形为质。无形为阴，有形为阳。精神为阴，物质为阳。精神产生物质，即无中生有，阴化为阳，形而上变为形而下；物质愈丰厚则精神愈贫乏，因为这个阴都被转化掉了。所以，古人强调安贫乐道是很有道理的，要想保持精神性的充盈，就要避免精神性的东西转化、消耗、生成物质性。它们往往是此消彼长的关系。

剑是武器，更象征着身份、志气与抱负

“剑”字的异体字有很多，但是大同小异，古今写法的变化也不算大。因为剑在古代用途很广，最早是武器，可以捕猎，也可以与人厮杀。

后来，剑的文化属性越来越多，无论文武，腰里别一把剑，身份马上就尊贵起来了。要知道，剑可不只是闯荡江湖的人才有，庙堂里的人，也要佩剑。文士也有剑，而且练剑，比如李白就是个剑术高手，他写“托身白刃里，杀人红尘中”一句，讲他为朋友两肋插刀，不惜手刃歹徒，颇显豪放不羁，是个不好惹的人。

又如韩信，穷得叮当响的时候，天天等人施舍，却剑不离身。他拿剑是用来防身御辱的吗？不是。两个小混混就可以把他给欺负了，说你天天拿把宝剑，实际上㞞得很，有种你砍我，没种就从我胯下钻过去，韩信就真钻了。但这个典故并非是说韩信胆小，而是说他能忍辱。这也说明，小混混把剑看成单纯的兵器，而对于有大志的人来说，剑是象征性的，是用来干大事，表明志气的，这岂是小混混能理解得了的。

《冯谖客孟尝君》中，冯谖对自己的待遇不满，就弹剑作歌，说自己吃得不好，住得不好。但他这样做不是为了要工资，而是说自己

的才能不被重视。

实际上，剑对古人来说更多的是自己抱负的象征，借剑来托物明志。

去除争心、私心、机心，则随处是剑

秋瑾有两句诗：“休言女子非英物，夜夜龙泉壁上鸣。”意思是身为女子，也要赴国难、蹈死地，那种壮怀激烈的情感是按捺不住的，不如此，墙壁上挂的龙泉宝剑都不答应。当然，这也可能是个想像，不一定非得在家中墙上挂把剑。

现在，我们不用剑、也不佩剑了，但心里有剑很重要，心里这把剑就是立大志，不妄自菲薄。

有句话叫“手中无剑，心中也无剑”。意思不是说真的没有剑，而是不以剑为剑，去除争心、私心、机心，则随处是剑。

宝剑用后急需磨

古人有一句话叫“吹毛用后急需磨”。“吹毛”是指吹毛可断的宝剑，这样的剑使用一次后，也要擦拭、恢复，使它回到原来的状态。因为即便用一次，也有损耗，也有亏损，不再是圆满或充盈的状态。所以，要让剑回到“中道”，回到那个百分之百的纯粹状态，保持它的锋利性。这句话经常用来形容我们“修道”的状态，如何保持我们的“精神性”始终在充盈的状态呢，那就是你做完事后，要休养生息，要把费掉的精气神补回来。否则，接二连三的事务冲击着人体，慢慢人就从健康状态变成亚健康状态，再从亚健康状态变成病人了。现在的人智慧很低，不到生病的时候，不知道迷途而返。病还未好，就想悟道。急着悟道，这也是病。旧病未除，又添新病。一把被七情六欲折磨得变形的剑，离“宝剑用后急需磨”的道理还差得老远。

推荐看《富兰克林传》，书中富兰克林怎么把自己身上的习气、缺点一点一点磨掉的。每次只针对一个缺点，每个缺点，坚持两年的对治和练习。如此一来，身上的“贪嗔痴慢疑”，十年可期。把自己锻造成一把名剑、宝剑才是本事，其他都是身外之物。

号

自己给自己起的名字

本义：古人用管、角发出警讯或集结指令

“号”是多音字，它除了念“hào”之外，还念 háo（表示“哭”这个动作的时候念 háo，比如“寒号鸟”、“号哭”）。

“号”在篆书中的写法为，上面是“口”（），下面是吹的号角。

《说文解字》说：“号，痛声（悲痛的声音）也。”《尔雅》说：“号，呼（呼告、呼叫的声音）也。”

总之，“号”多是在沉痛、痛苦时发出来的声音。比如受伤的时候发出的声音叫“号”。因为号的声音比较大、强烈，传得远。

从字源上来看，“号”就是用嘴吹一种像竽这样的乐器，而号角在古代是军队集合、出发、打响战争的信号，所以它的本义是古人用管、角发出警讯或集结指令——“发号施令”。

引申义：号角、军号、长号、圆号、小号等，指乐器

“号”还可以引申为乐器，如与战争有关的号角、军号，还有一些长号、圆号、小号等这样的常用乐器。

“号”是自己给自己起的名字

在古代，古人除了有姓有名，还得有“号”，“号”就是自己给自己起的名字，比如苏东坡号东坡居士。而号称就是对外公布的一种称呼。还有号码；同学之间，往往相互起“外号”；有紧急重大新闻出现，媒体往往会发布“号外”。中国字有意思，字的前后位置一变，字义也随之一变，“外号”和“号外”的区别即是一例。“外号”是名字之外的名字；“号外”是新闻之外的新闻。

『君子有挈巨之道也』

巨

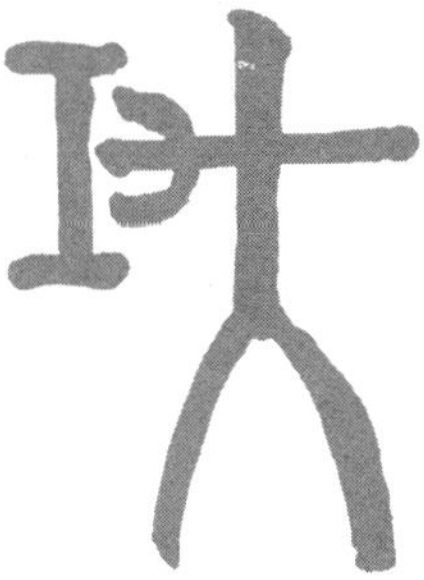

本义：工匠用来画直线和直角的大工尺

在金文中，“巨”（）的写法是一个人用手拿着一个用来测量的工具。所以“巨”字的本义是工匠用来画直线和直角的大工尺。《大学》中有一句：“是以君子有挈巨之道也。”——君子有掌握使用测量工具规律的能力，这句话就用到了“巨”的本义。

“巨大”、“巨响”、“巨人”、“艰巨”

后来强调“巨”的方向属性时，就在它左边加一个箭头——“矢”字旁，变成了“矩”，篆文写为。

要强调木质材料时，就在它左边加木字旁，变成了“柜”，篆文写为。“柜”字以前也念“jǔ”。

要强调金属材料时，就在它左边加金字旁，变成了“鉅”，“鉅”

在古代是钢的意思。

再后来，因为“巨”的体积很大，它的意思就引申为巨大。

很大的响声，我们称之为“巨响”；很大的人，我们称之为“巨人”。“巨”在这里，就已经没有测量、工尺的意思了，现在的意思就是“大”。所以这个“巨”字的本义消失了，本义就用规矩的“矩”来代替。

还有，我们说这是一个“艰巨”的任务，这个“巨”也是大的意思。它在这里相当于程度副词，相当于很、非常，所以艰巨的意思就是指很艰难。

墨家的领袖为什么被称为“巨子”

在中国古代，儒家学派占主流地位，而墨家学派不大受社会重视，因为墨家学派讲究“摩顶放踵利天下为之”，意思是为了天下人的事业，可以抛家弃子，抛弃生命，这是一种侠义精神（儒家比较讲究的是知行合一，要去做；道家强调清净无为，无为而治，隐世隐退，修身养性；而墨家强调我们称之为武侠的精神，所以墨家是比较激进的，而儒家是比较中庸的，道家是比较保守的）。所以墨家学派的领袖被人称之为“巨子”。“巨子”就是大人的意思，是非常尊敬的称呼。墨家学派经常帮助小国家对抗大国。而且墨家学派动手能力很强，能搞科技发明、军事科学什么的，如攻城用的梯子、投石器、滑翔机，他们都能研发。因此，“巨子”在这里，还有能制造工具的首席科学家的意思，类似于巨匠的称谓。而“巨”这个字和测量、制造工具有关。墨家学派的一支，隐于民间，变成帮会组织，侠义道；另一支，隐于学院，变成科技报国的科学家。

阙

不知天上宫阙，
今夕是何年

本义：气闭昏倒，也指向气机始通

“阙”字外面是一个门，里面一个“欮”，念“jué”。“欮”是“阙”的声旁。外面的门好理解，就是供人出入，白天打开、夜晚关上的关口。里头的“欮”是什么意思呢？

先看“欮”的左半边“屰”，甲骨文的写法是，表示气不畅。亦有一说是倒置的人形，婴儿始露；右半边是“欠”，是气不够用，或者是气逆，或者是张口哈气，会呼吸了。

通过对“门”、“欮”的字义分析，我们可以知道“阙”的本义就是气闭昏倒。还有另一个义指气机始通。中国字有“反训”，气闭走向气通；气通走向气闭。本义走向反义，反义指向本义。

缺少，宫阙

《说文解字》说：“阙，门冠也。”“阙”就是牌楼，牌楼没有门，两边各有一根柱子，中间是空缺的。

“阙”和“缺”是相通的，作“缺少”这个意思的时候，念“quē”；而作地名、名词用的时候就是宫阙的意思。苏东坡的《水调歌头》中有一句：“不知天上宫阙，今夕是何年？”“宫阙”就是宫殿和宫殿外的阙楼的意思，因为“阙”是宫殿外面的门楼，所以用宫阙指代宫殿和门楼。

肚脐为什么叫神阙

肚脐被中医称为“神阙”，是“经络之总枢，经气之汇海”。其下侧为中丹田，位于身体中轴线，是人体住胎时的总门户。先天时，气机始畅；后天时，气机始闭，因此得名为神阙。中医发展出脐疗、脐针等理论及手段，是摸索出来的一套行之有效的方法。当然，也有观点认为脐疗是调动先天元气，对治后天诸症。动不动这个先天元气，相当于动不动用你的存款，存款不能老存着不用，但也不能老用，该用得用，该存得存。不用是浪费，太用是耗费。中医的理论是阴阳平衡，中医的精髓是分析“不及”与“太过”的关系。

珠

『大珠小珠落玉盘』

本义：珍珠

“珠”字的左半边是“王”字，代表和玉有关的东西；右半边是“朱”，红色的意思。“珠”的篆文为。

《说文解字》说：“珠，蚌之阴精。”因为“珠”是从水中蚌壳里产生的精华，所以古人认为“珠”能防火灾。当然这样说也有些牵强。

所以，“珠”字最早的本义就是指珍珠。

“老蚌生珠”、“汗珠”、“泪珠”、“玻璃珠”

古人也经常把蚌生的“珠”和人类生殖联系起来，如“老蚌生珠”就是比喻一个人晚年得子。因为蚌通过分泌物质将沙粒变成一颗珍珠，就像人孕育生命的状态。

后来“珠”又引申为球形，如“汗珠”、“泪珠”、“玻璃珠”、“大珠小珠落玉盘”。

现在自然产生的珍珠是最宝贵的，所以，知道了“珠”的来源后，我们对大自然恩赐给我们的珍珠怀有一种深深的敬畏。

白居易用视觉描写听觉

“嘈嘈切切错杂弹，大珠小珠落玉盘。”白居易的名篇《琵琶行》用视觉和动感的形象“大珠小珠落玉盘”来使人联想，生发对音响的感觉。“大珠”、“小珠”和“玉盘”三种珠玉的撞击场景，这是何等的“复调”节奏。可见盛世之最强音，亦闻衰世之调已伏。

称

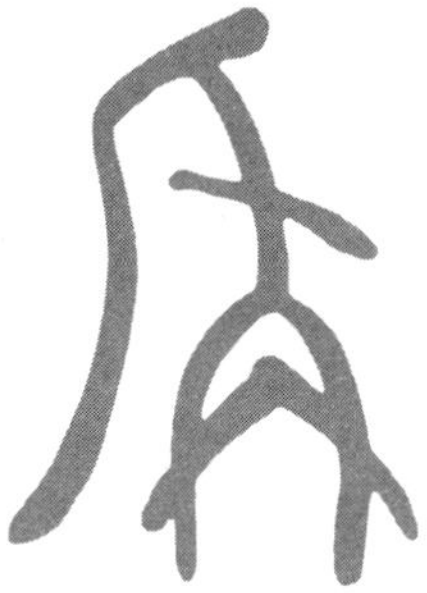

本义：提起某物衡量轻重

在甲骨文里，“称”（稱）上半部分是手，好像在抓或提一个东西，提起的是什么呢？有三种说法，一种说法是鱼；第二种说法是捕鱼的竹笼；第三种说法是编织物，类似于竹子、木头编制的簸箕。

这三种说法不一，但可以确定的是“称”字有提起某物的意思，不管提起的物是鱼、鱼笼，还是编织物，提起某物衡量轻重就是“称”最早的本义。

“称”常常假借为“秤”

古人在收获之后，往往要给粮食称重，所以“称”的左半部分是“禾”。后来在使用过程中，“称”也常常假借为“秤”。

“称”念“chēng”的时候，意思就是称重量；念“chèng”的时候和“秤”意思相同，指度量物体轻重的器物。

还可以念“chèn”，称心、称职，发此音。

“称呼一个人”

因为“称”有衡量轻重，测量某物价值的意思，所以有的时候我们说“称呼一个人”的“称”也用的是这个意思。我们要掂量一下应该怎么称呼这个人，是局长还是科长，是教授还是讲师，是校长还是老师，所以“称”也有衡量、掂量的意思。

“人生在世不称意，明朝散发弄扁舟”

李白有一句诗：“人生在世不称意，明朝散发弄扁舟。”意思是人生在世，如果活得不是那么称心如意，那就不如改天把头发披散下来，潇洒地一叶扁舟孤身远行。人生在世，就是为了达到想要的状态，达到想要的目标，达到想要的价值，这就叫称心如意。

一个人想要做到称心如意，有两种方式，一种方式是提高你的行动力。另外一种是降低你的欲望和目标。欲望没那么大，目标没那么高，你就容易满足，你就容易知足常乐。提高行动力，使你的能力增加、施展出来，而不局限于眼前利益。所以少一点欲望和野心，多一点行动力和实干精神，这样才能够称心如意。也就是“目标降低一点，能力增强一点”。白居易说：“以大事小，乐天也。”大能力，小目标，则始终快乐。挣“一个亿”这个目标有点大，挣“一万块钱”这个目标总还是可以吧。不要赚少，就认为是屈尊不去做。

夜

事情要早做，否则容易夜长梦多

本义：腋窝

“逝者如斯夫，不舍昼夜。”孔子感叹时光像流水一样，不分昼夜地流逝。此句中的“夜”字在金文中写为，左半部分是“亦”字，右边是“夕”。

从甲骨文的字形上看，“亦”（）是一个人张开手臂的样子，两个点代表腋窝，所以“亦”的本义是腋窝的意思。不张开手臂是看不到腋窝的，因此它有暗藏、隐蔽的感觉，且“亦”是“夜”的本字，所以“夜”的本义就是腋窝。

“夕”是黄昏的时候，月亮刚刚升起来，只能看到一半的样子。

所以“夜”是表示黑暗的、隐蔽的，且能看到月亮的时间。

“夜”的用法:“春江花月夜”、“夜半钟声到客船”、“夜长梦多”

《说文解字》说:“夜，舍也，天下休舍也。”意思是晚上就应该回家了，“舍”就是房子。

也有人认为看不到月亮的晚上是夜，看得到月亮的晚上是“宵”，这是“宵”和“夜”的区别。但也不尽然，比如唐代诗人张若虚的名诗就叫作《春江花月夜》。

诗人张继在《枫桥夜泊》里写，“姑苏城外寒山寺，夜半钟声到客船”，意思是南京姑苏城外的寺庙，子时（夜半就是晚上的子时，凌辰 12 点钟）敲响的钟声传到了客船之上。

有句话叫夜长梦多，意思是夜晚很漫长，睡觉做梦的次数会比较多，引申开来，就是说很多事情，你要赶紧做，不赶紧做就容易夜长梦多，发生变故。

夜晚就要做夜晚的事，白天就要做白天的事

昼夜交替其实就是阴和阳交替的现象，所以我们要在白天阳气生发的时候去做事情，在晚上休息的时候护好阴气，让身体得到一个完全的休息。人过多地开夜车就会损耗自己的精神，晚上熬夜已经很消耗气血了，再去玩儿或工作就更加耗神了，这是双倍的不划算。因此夜晚就要做夜晚的事，白天就要做白天的事。

光

无论成功或失败，
都要韬光养晦

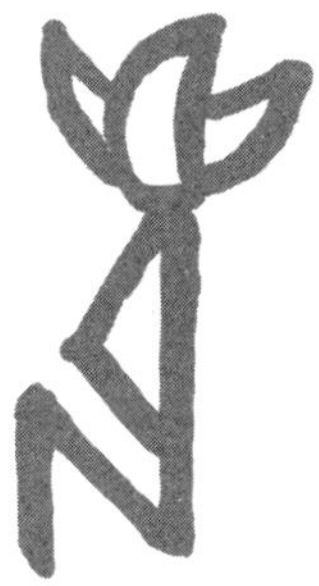

本义：光亮、光线、光明

“光”字甲骨文的写法为，上面是火堆、火焰的形状；下面是一个半跪行的人。

对于“光”字有三个说法。第一：“光”是古代在祭祀火神的时候所造的一个字，称之为“光”；第二：是奴隶举着火把在照明；第三：是一个人在修行的时候头上所产生的光芒。

总之这三种说法都把“光”跟光亮、光线、光明结合起来了。

光的本质是一种波，量子力学认为，物质世界有波粒二象性——既有粒子、物质的这一面，同时又有光、波的这一面。

波意味着是一种能量，粒子就意味着是一种我们能够看到的客观世界。

其中，“光”就是波的一种，有的是可见光，有的是不可见的光。

“吃光”、“不光是”、“走光”

“光”还可以引申为没有。比如“我们今天把东西吃光了”，就是吃完了，没有了的意思。

“光”还可以引申为不仅、而且，所以我们常把不仅仅表达为“不光是”。

“光”还有裸露的意思，比如一个人光着身子，就是见光、走光的意思，即暴露在视线范围以内。

“要有光，于是就有了光”

在远古时代，火既是一种精神象征，又能够给人类取暖照明，更重要的是它还能够烧烤食物。远古人类发现森林火灾后，被烧死的动物尸体可以食用，且烤熟的肉比生的肉更好吃。于是火带着人类从茹毛饮血的时代走向了吃熟食的时代，这是人类社会发展的一个很重要的分界线。

其实“光”在东方、西方文化中都有形而上的意味。比如西方的《圣经》中讲，上帝在创世纪的第一天说要有光，于是就有了光。这是一种先验性的话，说明在我们能够理解的逻辑范畴之外，还有一种比人类更伟大的超自然的力量的存在。佛家的说法叫不可思议，“不可思议”就是我们既没办法去思考，也没办法去讲述，因为它是要靠我们的直觉和体悟才能够明白的道理。

做人做事无论成功或失败，都要学会韬光养晦，不要锋芒毕露

东方文化中有韬光养晦一词，意思是说人在做人做事的时候应该保存实力。它有一个对应的词，叫锋芒毕露，意思是人的锐气和才干全都显露出来。

其实，人在失败的时候韬光养晦，才能让自己的实力壮大，而在成功的时候，同样需要韬光养晦，这样才不会骄傲自大。

一位易经大师在他 90 多岁的时候说过一句话，他说我这辈子唯一对我有帮助的话是“潜龙勿用”——乾卦的第一爻，就是要韬光养晦，不要轻易锋芒毕露。

“光”有神圣性、象征性，也有它的现实意义。我们既要学会反射“光”，使它变得更加明亮，还要学会含而不露，韬光养晦，这些都是“光”字要告诉我们的人生大智慧。

总释

『剑号巨阙，珠称夜光』

“剑号巨阙，珠称夜光”是一个对仗句，讲的是历史上最有名的剑——巨阙剑和最有名的珍珠——夜光珠（夜光珠是可以在晚上发亮的珍珠）。

巨阙剑是战国时期的名剑，欧冶子造，这个是长剑。他还造过两把短剑，胜邪剑和鱼肠剑，这个行刺用的，大家知道的比较多一点。他一共为勾践造过三把长剑，两把短剑，民间称“三长两短”，将其引申作为意外灾祸的代名词。

夜光珠又叫夜明珠，不用火把，不用电源，能照亮十步方圆。能反光的明珠很多，自己能发光的珠子几乎没有。所以，夜光珠可以说是一个想像，一种传说。“明珠暗投”就是指的夜明珠，能照亮黑暗，现在也当作一个贬义词。

捌

CHAPTER 08

『果珍李柰、菜重芥姜』

“果珍李柰，菜重芥姜”一句实际上讲的都是跟吃有关；就是我们吃的菜，菜对人的饮食来说是很重要的。《黄帝内经》中说：“五谷为养，五果为助，五畜为益，五菜为充。”

果 · 170

珍 · 173

李 · 175

柰 · 177

菜 · 179

重 · 181

芥 · 183

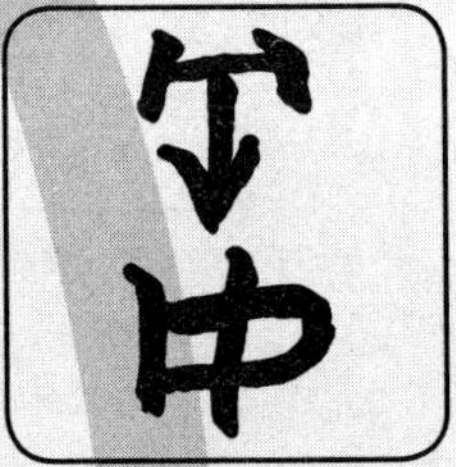

姜 · 185

果

万物之间都有因果

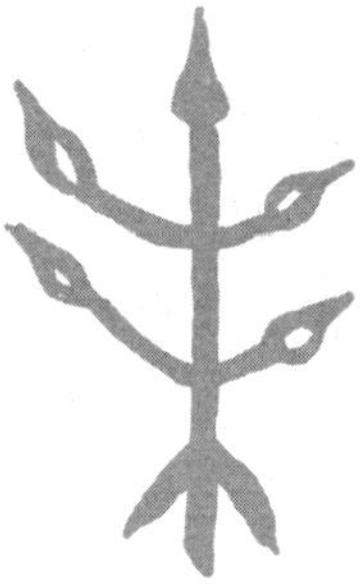

本义：草木长出来的子实

“果”字甲骨文的写法非常形象，就是一棵树张开了它的枝条，枝条末梢结有一个个圆圆的果实。而在金文的写法中，“果”（）是散开的树枝和果子都收拢到了一起，变得抽象化了，好像一棵树上结了一个很大的果子，充满了子实。

《说文解字》说：“果，木实也。”意思是在草木当中成熟、生发，长出来的子实被称为果。

果腹：仅仅保持不饿

有个词叫“果腹”，即填饱肚子。为什么叫果腹？有人说是用水果填饱肚子，也有人说果腹的意思是人吃饱后，肚子圆圆的像果实一样，所以称之为果腹。但果腹的意思只是刚刚饿不死，并不能说吃得很好，只能说仅仅保持不饿。现在流行减肥，很多女性晚上不吃饭，只吃点沙拉，这就是“果腹”，充饥而已。

“果断”、“优柔寡断”、“刚愎自用”

我们常说一个人很“果断”，很果敢，是指这个人善于决断，即对结局把控能力很强，对结果很负责任；说一个人“优柔寡断”，就是说他不敢承担后果；而说一个人“刚愎自用”，是说他虽敢于对后果负责任，但不考虑别人的建议，听不进别人的意见。所以刚愎自用是太过，而优柔寡断是不及，在不及和太过之间有一个果断、果敢的存在。

“果”在衣外为“裸”，“果”在衣里为“裹”

“果”和另外的偏旁部首结合就很有意思了，这也是汉字的一个奇妙之处。比如它和“衣”结合，就变成了“裸”——“果”在“衣”外，就称之为裸；如果“果”在衣服里面，就是“裹”——果实、果子被衣服包住了，或者像身体一样的果实被衣服包住了。

任何事物之间都有因果联系

在我们的汉语当中，非常强调因果论。因就是有一个起因，果就是最后的结果、结局。但在因和果之间还有一个条件——缘，缘分。比如一颗种子能长成一棵大树，必要的条件是什么？缘分是什么？那就是阳光、水、土壤这些外部的条件（有时称外因）。

所谓“因缘果报”，必须条件成熟，果才能显示出来，条件不成熟，这个果就显示不出来。就比如说脏的地方容易有细菌，那么脏的地方就是条件，我们把条件去掉，那么就不会有疾病产生的后果。因此斩断缘，就是斩断条件，就可以切断因果的链条，这是一种思维。事务由因缘和合而成，去掉因，或斩断缘，事情都会平息。第一因，就是我们的心念，“心念一转，计上心来”，这个是第一因，然后念头会引发行为，行为会接触外境外缘，最终会产生各种后果。所以《金刚经》教我们“善护念”，就是要护持好这个“第一因”，否则，它“心念一闪，十方震动”；心念一动，这个种子就要发芽壮大，从形而上的心念朝着形而下的行为去发展了。

珍

世间最珍贵的莫如生命

本义：头发上的美饰或年长者传给下一代的珠宝

“珍”字左边是王字旁，也就是玉部，表示玉的意思。右边是“㐱”，念 zhēn，所以“珍”是个形声字，在篆文中写为。

“㐱”字甲骨文的写法为，像一个人有着浓密的头发。《说文解字》解释为“㐱，稠发也”。

古人认为“身体发肤，受之父母”，所以很珍惜身体的一切，视作珍宝，因此古人要蓄发，以头发长为美。

“珍”字有两个解释。第一个解释是“珍”是头发上装饰的美玉和宝物。第二个解释是“㐱”表示头发很长，即人很年长的意思，那么“珍”就是年长的人传给下一代的贵重的珠宝，就称之为“珍”。这两个解释，目前看来都解释得通。

最珍贵的是人的生命

人最珍贵的东西是什么？就是生命。如果用生命换取一些不值得的东西，这就把自己珍贵的生命看低贱了。所以学了这个字，我们要懂得最珍贵的是人的生命。很简单的道理，你把你的心、肝、肺、肾按器官移植的市场价格来算，每个人都是千万富翁。然而，我们经常为了工作而损坏身体，挣的还没有赔的多。

李

『桃李春风一杯酒，
江湖夜雨十年灯』

本义：树木结的果实

“李”字的甲骨文写法为，和现在的写法区别不大，上面是“木”，下面是“子”。“子”指的是果实，所以“李”的本义是树木结的果实。

“行李”

“李”在古代是通假字。古人最初造的字比较少，所以往往一个字会表示很多意思。

“李”通道理的“理”。“李”为什么通“理”呢？因为“行李”在古代是出行办事的意思，所以“李”就是“打理”、办事的意思。后来“行李”引申为随身携带的物品。

李子味道有点酸酸的，颜色黄黄的，古时候在中原地区栽种很广泛，而且果实产量很大，所以经常会作为馈赠的佳品。有客人来了，要出门了，都要带一点李子，所以“行李”这个词的形成跟风俗也有关系。

“李代桃僵”、“投桃报李”、“桃李不言，下自成蹊”

在我们的文学作品和成语故事中，“李”经常和“桃”连用。比如成语“李代桃僵”、“投桃报李”等。文学作品当中也有“桃李不言，下自成蹊”，意思是桃树和李树长得繁茂了，它们虽不能言语，但人们自然能够看到它们开的灿烂的花和结出的繁盛的果实，会吸引人们自发前来欣赏；来的人多了，就踏出了一条路。

黄庭坚的诗句“桃李春风一杯酒，江湖夜雨十年灯”也是这个意思。“桃李春风一杯酒”描绘的是春天乐陶陶的景象，指人生的美丽；而“江湖夜雨十年灯”描绘的是人生经历了江湖的风雨，指的是人生的历练和厚度。

柰

『虞兮虞兮奈若何』

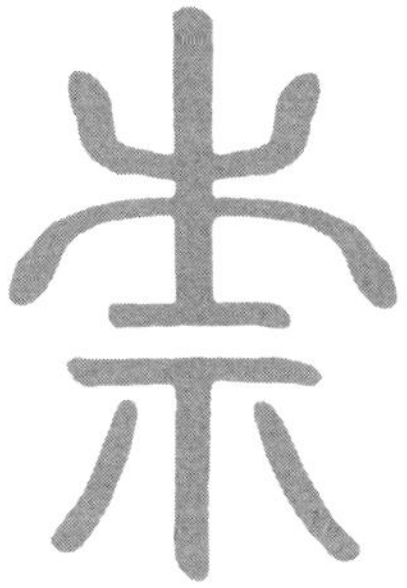

本义："非"、"不"

"柰"字上面是"木"，下面是"示"，篆文写法为。"奈"字和它的字形很像，读音也一样。"奈"是"非"，即"不"的意思，古人感叹没办法的时候，就会说"奈何"。《史记·项羽本纪》中讲，项羽临终时作了一首诗，有一句是"骓不逝兮可奈何，虞兮虞兮奈若何"。"可奈何"、"奈若何"都是"怎么办"的意思。而"奈"曾跟"柰"相通，所以"柰"也有"非"、"不"的用法。

什么是"柰果"

有一种好吃的水果，味道酸酸甜甜的，果子上有青、白、红三种颜色，这种水果叫柰果。

柰果在古时候就是苹果。有一种说法，认为柰果是苹果的一种，通称“柰子”，长得比较像花红，产在浙江南部温州的泰顺山区。另一种说法是柰果是茉莉。茉莉为常绿灌木，北方就把茉莉花称为“柰”，所以“柰”在不同地区、不同时期有不同的指代和内容。

菜

『参差荇菜，左右采之』

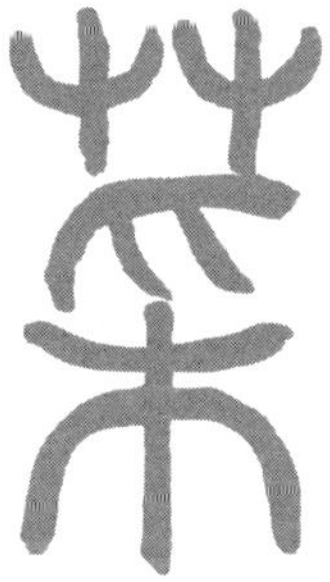

本义：古人采集的可食用的植物

我们的日常饮食，除了主食之外，还要吃菜。菜是平衡营养的，《黄帝内经》中说：“五菜充饥。”

“菜”字上面是草字头，下面是“采”。“采”和“菜”是通假字，所以“菜”有的时候也会写成“采”。

想要明白“菜”的含义就要先知道“采”的含义。“采”在甲骨文中的写法为，上面是手，表示去抓的意思；下面的“木”是指草木。所以“采”的本义是用手采摘树上的果实、叶子等可以吃的东西。

“采”是一个会意字，上面加草字头，变成了“菜”，就成了形声字。“菜”的草字头（艹）表明它与植物相关，篆文写为。

在古代，“菜”专门指果实、蔬菜。而鱼、肉、牛奶、鸡蛋都不称为菜。《说文解字》说："菜，草之可食者。"即草中可以吃的就称之为"菜"。所以"菜"的本义是古人采集的可食用的植物。

"参差荇菜，左右采之"

《诗经》的第一首诗，叫《关雎》，里面有一个句子，叫"参差荇菜，左右采之"。这个句子中，前边有"菜"，后面有"采"，而"菜""采"本身又是通假的，这个句子就会在你的心中有一种字根意义上的关联，而且非常巧妙。

"参差荇菜，左右采之"是什么意思呢？就是水里的这个荇菜长得参差多样，我在左边和右边都能够采到它。这样一种动态，是非常美的一幅画面。

"采菊东篱下，悠然见南山"

陶渊明有一名句"采菊东篱下，悠然见南山"，是讲他的隐居。秋天到了，菊花盛开了，那么我要采菊花欣赏。在采菊的过程中，悠然间一抬首就看到了南山。这是一幅非常自然、和谐的生活场景，也是很多人心中的一个梦。

"采"本身是一个劳动场景，但是"采菊东篱下，悠然见南山"的这个"采"，又变成了一个审美场景，诗人把它从劳动、劳作的场景变成了一种审美和修养的境地，直接把"采"升华了。

重

『行行重行行』

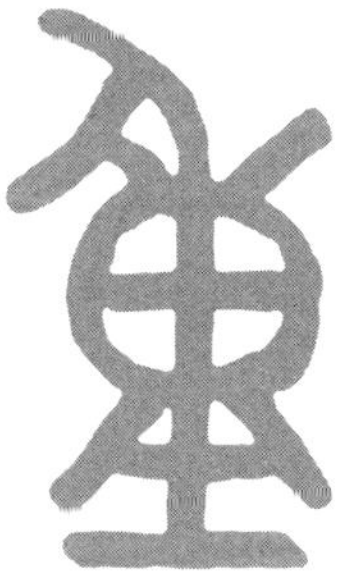

本义：负重前行人

从“重”的金文写法和篆文写法可以看出“重”字上面是“人”，中间是“东”（東），下面是“土”，整体结构很紧密。

考古学家在分析“東”的甲骨文写法后认为，《说文解字》把“東”解释成“日在木中”是错的，“東”实际上表示行囊。也就是说“東”是个象形字，其本义是用布或者兽皮裹住东西，然后用绳子将两头扎起来，中间穿一根木棍。有的古文字专家认为“東”是古时候男子出远门，肩上扛着行囊的样子，有负重的意思，所以“东”与“重”有关。

我们再来看“重”这个字，上面是一个“人”，然后中间是个“東”，就是一个行囊，下面是个“土”，而且这个“土”感觉像是装在行囊里头的样子。所以文字专家就认为“重”字的本义是人背着沉匍匐的行囊在土地上行走，即负重远行。

引申义：“沉重（zhòng）”、“重重（chóng）困难”、“行行（xíng）重（chóng）行行”，程度很深，力度很大

动力的“动”（動）字，左边是“重”，右边是“力”。根据它的结构，有的专家分析说这个字表示一个男性奴隶在负重行走。后来“重”引申为沉重，表示质量很大。当它作程度副词使用时，引申为程度很深，力度很大。

“重”是个多音字，除了念“zhòng”，还念“chóng”，比如“重重困难”。《古诗十九首》中的第一首诗名字就叫“行行重行行”，意思是说我又要出远门了，“重”在这个地方也有艰难艰辛的意思，表达了心里很沉重的感觉。所谓在家千日好，出门一朝难，古人出一趟远门是很不容易的事情，何况是经常出行呢？而且“重”这个字本身就有“负重前行”之意。

“行行重行行”是多个乃至更多“行”的状态连用。“行行”是一层重复叙述，“重”又是一层推进，最后仍落到“行行”上来，仿佛是充满节奏的“和声”，有着多声部，层层深入，令人反复咏叹。给人以“复调叙述”的节奏美感。

芥

纳须弥于芥子

本义：形声字

“芥”是一个形声字。“芥”上面是草字头，是它的形，表明“芥”与植物相关；下面是“介”，是一个形声字，是“芥”的声旁。

要了解“芥”字，先要知道“介”的含义。“介”在甲骨文中的写法，是一个“人”（）周围有四个点（），文字专家认为这代表打仗的时候，士兵身上穿的铠甲；这四个点把人体给包围起来，防止武器刺伤。所以“介”字的本义是指盔甲、铠甲，且“介”字在发音上和“甲”字也比较接近。“芥”是形声字，篆文写法，指芥菜。芥的叶脉比较粗厚，所以叫芥菜。

芥菜

“介”加草字头就变成了“芥菜”的“芥”。《说文解字》说：“芥，芥菜也。”

芥菜在南方比较多，它有很高的食用价值和药用价值。我们常吃的一些咸菜都是芥菜类的，比如大头菜取的是芥菜的根，榨菜取的是芥菜的茎，“雪里蕻”取的是芥菜的叶。

广东将“芥（jiè）菜”读作“芥（gài）菜”，广东人吃饭喜欢点一盘芥菜，因为它叶大，叶脉很粗，而且叶子上有很多皱纹，吃起来有点甜，又微苦，特别败火。

芥菜的子就叫芥菜子。芥菜子可以榨油；把芥子磨成末，就称为芥末。芥末比较通窍，因此常配海鲜刺身食用，用它的热力和辛辣去除海鲜的寒性，甚至可以杀死海鲜里的一些微生物、寄生虫。所以芥末是我们日常饮食中很重要的佐料。

“心存芥蒂”、“草芥之徒”

佛教常说“纳须弥于芥子”。芥子代表非常小的一颗圆形颗粒物，但它可以把整个须弥山，甚至整个世界装进来。这样的话就没有大和小的区别了，世界上的一切都是同构的。

在日常生活中会用到许多与“芥”有关的成语，比如“心存芥蒂”，指心里有疙瘩，像芥子和植物的根这么小的疙瘩，指人的心胸不开阔，对事情想不开看不开。如果时间长了，郁积久了，会从心理演变成生理的、实质性的包块，在胸骨下方可以摸到，有压痛。

我们有时候说一介草民或草芥之徒，意思是指像草芥一样地位低下的人。

“芥”是大自然中特别微小、特别不起眼的事物，但是在我们的生活当中，它虽平凡又让人觉得生生不息。

姜

『姜』的本义是指牧羊女

本义：牧羊女

“姜”字在甲骨文中的写法为，上面是羊，下面是“女”，所以“姜”本义是指牧羊女。

“姜”字在金文中写为，上半部分还写为“羊”，简化之后，“羊”字中间的一竖就不出头了。

“薑”：一种伟大的驱寒食物

现在的“姜”其实是把两个字合并了，除了姓姜的“姜”外，还有一个表示一种植物的“薑”。

“薑”（姜）的字形就像田间的一条条田埂。“薑”比较容易生长，所以古时候经常在田地周围种一点薑，长成之后，就够自己家里的食用佐料了。所以古时候“薑”长在田埂上，即农作物的周围，路旁边等地方。

“薑”是从南亚引进过来的，味道辛辣，有一些食物需要用它作佐料来去除寒性，有些食物没有薑就不宜多吃，多吃容易生病。比如炒瘦肉和做鱼的时候会放点薑，因为猪肉、鱼，性偏寒，所以要有一些辛辣发散的佐料去进行中和。

总释

『果珍李柰，菜重芥姜』

“果珍李柰，菜重芥姜”一句实际上讲的都跟吃有关。都是我们吃的菜，菜对人的饮食来说是很重要的。《黄帝内经》中说：“五谷为养，五果为助，五畜为益，五菜为充。”“五菜为充”是指人体需要多种蔬菜去补充，其中芥菜和姜料在各种菜里是比较重要的。

所谓五谷、五果、五畜、五菜，并不是精确地指哪五种，而可以理解成“多”。五谷就泛指各种谷物粮食，五菜就泛指各种蔬菜。

玖

CHAPTER 09

『海咸河淡，鳞潜羽翔』

“海咸河淡，鳞潜羽翔”这八个字可以理解为：海是咸的，河是淡的；鱼类在水底下游，鸟类在天空中飞翔。近现代以来，动植物的灭绝和环境的破坏成为日益严重的问题。这些，是我们在了解千字文时，要加进去的新的内涵。

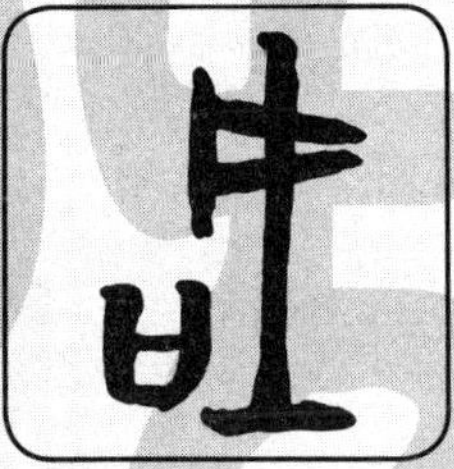

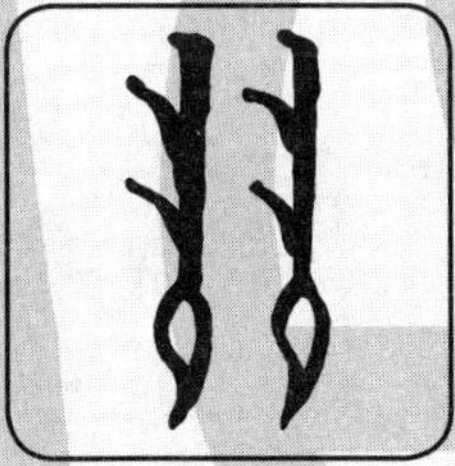

海

面朝大海，春暖花开

本义：水的源头，大湖

海洋的“海”字，左边是三点水，代表水；右边是“每”。在金文中写为，表示海是万川之母。在甲骨文的写法中，“每”（）上半部分是（↓），表示生，产育；下半部分是“女”（），表示女子怀孕的状态。

在古代，“每”和母亲的“母”有相近的含义，都强调母亲要生殖的那个状态。所以，海有“水之母”或“水之源”的含义。

后来我们常说“每天”、“每日”，用的时间长了，这个“每”字的本义就消失了，被“毓”代替了。现在，有一种避孕的药就叫“毓婷”，“毓”指正在怀孕；“婷”其实取的是“停”的谐音。

“海”为“水之母也”

古人认为水的源头是“海”，“海，水之母也”。所以古时候“海”指的并不是大海（古时候的大海有另外一个字来代替，就是“洋”）。

在古代，小一点的水称为“池”，大一点的水称为“湖”，比湖再大一点的就称为“海”。水的源头在地底下，冒出来之后变成一片很大的湖，也称为“海”。所以江河湖海在古代指的都是内陆的淡水湖，比如大理的洱海，其实也是很大的一片内陆湖，所以称之为海。后来这个“海”的字义慢慢发生转变，不仅咸水湖被称为“海”，海边大陆架以内的部分也被称为“海”。所以现在的“海”已经专指咸水湖和海洋；而大陆架以外的部分就被称为“洋”，往往是指近海。

“海内存知己，天涯若比邻”

有一位诗人叫海子，很年轻的时候就自杀了，但他的一首诗一直流传至今，叫《面朝大海，春暖花开》。这样的八个字读起来就能让我们产生很强烈的愉悦感。古人也有很多描写海的句子，最有名的应该是“海内存知己，天涯若比邻”。“海内”指的是四海之内，这句话说的是理解你的人，即便走到天涯这么远的距离，两人分开得很远，仍然像邻居一样，这里指的是一种心灵相契。

咸

此『咸』非彼『醎』（鹹）

本义：全民皆兵，武装御敌

“咸”在我们现在的理解中，和口味有关，比如酸甜苦辣咸就是“五味”，“咸”是其中很重要的一个味道。其实“咸”在古代的意思与味道无关，表示咸味的是另外一个字——“醎”（鹹）。简体字的“咸”其实是把古代的“咸”和“醎”合并了。

从甲骨文中，古文字专家发现，“咸”（）字左下角是一个“口”字，像城邦一样的结构，表示聚邑之区——小城镇、小部落。它的右半边是“戈”，代表武器。所以“咸”的本义是用武器保卫自己的城邦，即全民皆兵，武装御敌。

和“咸”意义相近的是“或”——古人称军队守城为“或”，而全民皆兵为“咸”。现在我们国家的“国”（國），其实就是从“或”演变过来。还有地域的“域”，都和保卫、防守有关系。

“村中闻有此人，咸来问讯”

《说文解字》说：“咸，皆也。”“皆”就是“都”的意思，所以“咸”可以引申为“全部”、“都”的意思。陶渊明的《桃花源记》中有一句：“村中闻有此人，咸来问讯。”讲的是东晋时候有个武陵地方的人以打渔为业，无意间进到一个洞里，来到了桃花源。桃花源里的人听说来了一个外界的人，于是全都跑过来看他。当我们知道了“咸”的引申义，我们就容易明白和它相近的两个字“感”和“喊”的意思。“感”是“咸”下面加一个“心”，就是用全部的心、至诚的心就可以感动别人。“咸”在这个地方表明程度，表明用全部的、非常投入的一颗心，就能够感动别人。而“喊”左边是个“口”，右边是个“咸”，我们可以想像，肯定要把这个口张开的程度很大，才能喊叫出来。

咸卦的本义：感动、交感、感应

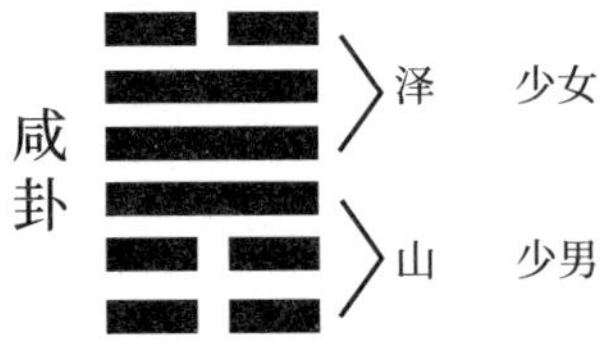

“咸卦”卦象

《易经》第三十一卦是“咸卦”，也叫“泽山咸”。“泽”为“兑”，山为“艮”，加起来就是咸卦。

咸卦的本义是感动、交感、感应。这个卦是什么意思呢？泽代表阴性，而山代表阳性，所以咸卦就是阴阳交感，也隐喻男女交感、交合。所以咸卦对于娶妻结婚的人是非常好的一个卦象，代表了阴和阳可以互相感应、交通。

咸阳的来历

秦朝的都城是咸阳，咸阳这个地名是怎么由来的呢？有几种说法，一种说法是咸阳北边有山，南边有水，是“山水俱阳”，所以叫咸阳；一种说法是咸阳是咸亨和阳里两个地区合并形成的，所以叫咸阳；还有一种说法用到了“咸”的本义，因为这个地方经常发生战争，所以全民皆兵，武装御敌，因此把这个地方叫作咸阳。

河

『国破山河在』

本义：河水流动，有着动听的声音

“河”字左边是“水”，右边是“可”。甲骨文写为。

“可”的写法里面是“口”，外面是“丁”字状的半包围结构，古时候是一个乐器，有点像“竽”。所以“可”的本义是指和着音乐唱歌。这是古时候男女之间的一种求偶方式，就是吹笙唱歌，对唱。后来在这个“可”下面又加了一个“可”，指的是男女双方对唱或者重唱；又加了一个“欠”，“欠”是指噘着口吹哨、吹奏，就有了“歌”。

“河”字取的是“可”的本义，所以你可以把“河”理解成河水流动发出动听的声音，就像有人在弹奏乐器或对唱一样。

在古代，“河”专指黄河

在古代，“河”专指黄河，并随着黄河的流向分了很多地区，如河南、河北、河西、河东、河套。而黄河中下游的中原，被认为是中华文明的发祥地。

现在的考古学家考证，远古时代中原文明只是众多文明当中的一支，北方、南方、西方、东方都诞生了自己的部落和文明，就像满天星斗一般。这些文明经过长期发展，互相之间发生摩擦再经过融合，才演变成了以儒家文化为底色的稳固的中原文明和中华文明，以及多民族融合的一个汉文化共同体，所以黄河是中华文明的摇篮之一。后来南方的一条大河也进入了人们的视野，就是长江。中国大地上北方有黄河，南方有长江，我们称之为母亲河。

“国破山河在，城春草木深”

杜甫有句诗说“国破山河在，城春草木深”。当国家即将朽败破落，但春天的山河大地还是一片草木兴盛，蔓长滋生的样子，这样的对比让人的内心是多么的无奈、深痛。正是这种冲突，能够让人感觉到诗中的沉郁挫折之气，所以这是一首挫折之诗。

淡

人间至味

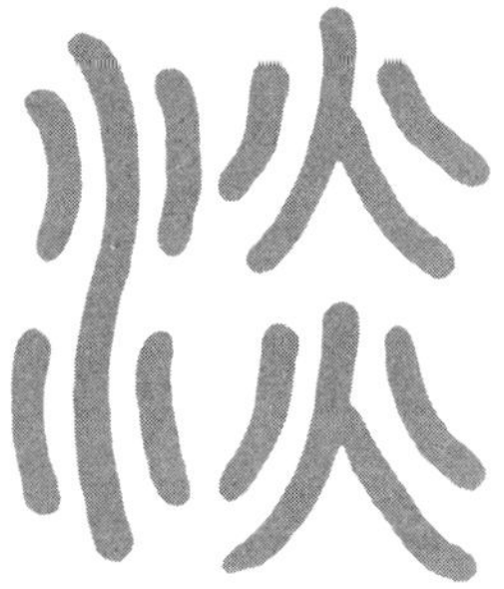

本义：被冲淡了的味道

在篆文中，“淡”（）右边是两个火，即“炎”，代表把食物烤熟来吃，所以是两堆火的样子。“淡”左边的三点水是清汤的意思，表示进食的时候要喝清汤，把味道稀释。《说文解字》说：“淡，薄味也。”所以“淡”的本义是被冲淡了的味道。

“君子之交淡如水，小人之交甘若醴（lǐ）”，“非淡泊无以明志，非宁静无以致远”

庄子说“君子之交淡如水，小人之交甘若醴”，醴是什么呢？醴是古时候祭祀用的甜酒，味道很浓稠，很甜蜜。君子之交就是要淡淡的，没有那么多利益勾结。细水长流的淡然处之反而可以长久，而小人之交因为迎来送往，走得太近就容易看到对方的缺点和短处，最后往往因为利益上的不平等、不平均导致分崩离析。

诸葛亮在《诫子书》中说“非淡泊无以明志，非宁静无以致远”。“淡泊明志”是什么意思呢？意思是你的志向要高远，但还要有天性淡泊的这一面；因为只有天性淡泊，才不会利欲熏心。做人不偏不倚，就不会走极端，不会陷入极端拔不出来。

酸甜苦辣咸这五味，最终是要回到一个淡字。人生百态，有的时候你尝起来是酸的，有的时候是苦的，有的时候是咸的，有的时候是辣的。不管怎么变，一切过去之后，当你反过头来远距离回想这段人生状态，所有记忆都会变得模糊，变得淡淡的。了解“淡”这个字也是理解中国文化，理解中国人做人方式的很重要的一个命门。

张充和先生有自己的一副对联：“十分冷淡存知己，一曲微茫度此生。”我自己曾经写过一首诗，名字就叫《淡淡的》。后来我的好朋友张萌萌，一名摇滚歌手，也是一名音乐创作人，将这首诗谱上曲，收录在他2016年初的新专辑《理想不死》当中。我把这首诗跟大家分享一下：

做一个淡淡的人
存着淡淡的心
寻一些淡淡的事
淡淡地为

这便够了，人生的全部

喝一杯淡淡的茶
不必那么浓郁令人皱眉
只有淡淡的忧伤与甜蜜
仿佛枝头的小鸟在清晨在黄昏
仿佛医院的临终告别与分娩
淡淡的喜，淡淡的悲

天空也是淡淡地蓝着，秋天淡淡地浓烈
冬天淡淡地下一场雪，淡淡地堆一个雪人
让她淡淡地融化
战争就让它淡淡地打着，地沟油也可以淡淡地收集
一切好的坏的，都可以淡淡地出现，淡淡地隐退

我的心淡淡地柔软
如果它陡地坚硬
我就会心疼我的心

鳞

波光鳞鳞

本义：所有带有鳞片的动物

在篆文写法中，“鳞”（）左边是鱼字旁，右边的“粦”和“鳞”同音。“粦”是什么意思呢？它是“磷”的通假字，指磷光、鬼火。

那么，鱼鳞的“鳞”字是什么意思呢？日常生活中我们看到的鱼，身上是被一片片的鳞片覆盖着，在阳光的照射下能反光，所以后来“鳞”字也取了“粦”发光、闪亮的意思。

《说文解字》说：“鳞，鱼甲也。”意思是“鳞”就是鱼类身上发光的甲片。

此外，古人还用“鳞”来指代所有的鱼类，甚至所有在水中披有鳞片的动物都被称为“鳞”。所以“鳞”在《千字文》当中的用法，是指代水中所有的动物，如鱼、虾、鳄鱼等这些带有鳞片的动物都被称为“鳞”。

“鬼火”到底是种什么火

很多人不知道“鬼火”的来历，所以在荒郊野外一看到鬼火就害怕得不得了。其实，“鬼火”在过去是人和动物的尸体腐烂后分解出来的“白磷”自燃后冒火冒光的现象。

在过去，因为“鬼火”给人的感觉很飘忽，好像在移动，所以古人非常害怕去坟场。尤其夏天傍晚的时候，温度超过 40℃，就会产生瘆人的鬼火现象。

潜

潜得下心，才能成一番大事

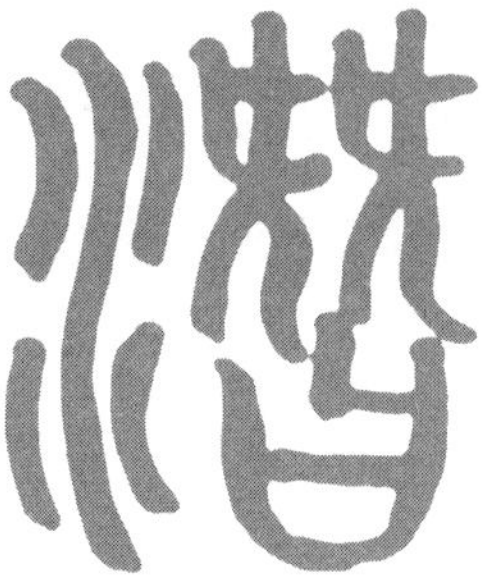

本义：在水底下憋气游泳

在篆文中，“潜”（）字的右半部分是“朁”字。

“朁”字上面是两个“旡”（jì），意思是气往上走，即打嗝；下面是日，但有专家认为其实是口，表明用口吸气。

这样分析以后，我们就知道了“潜”是一种水下运动，而人在潜水之前要先深深地吸一口气，然后“潜”到水下再慢慢吐气，所以“潜”字本义就是在水底下憋气游泳。

“潜”通“曾”，都指气往上走的状态

“潜”和“曾”字是相通的，“曾”下半部分是“日”，从金文的字形看像锅的样子，上半部分是一个竹片做的容器，最上面的两

点代表冒出来的热气。“曾”表示的是给食物加热的过程中气往上走，所以“曾”和“潜”都是指气往上走的状态。

“日星隐耀，山岳潜形”

“潜”字在中国文化里很重要，也很常用，因为中国人喜欢深藏不露的智慧。范仲淹的《岳阳楼记》有一句“日星隐耀，山岳潜形”，即天上的星星、太阳有的时候隐，有的时候现，山脉看不见形状。

《易经》里有一爻叫“潜龙勿用”，“潜”是指低伏下来，不露出水面，处在一种不为人知的状态。

人不但要潜形，还要能做到“潜心”，即始终保持一种专注的状态，潜下心来做一件事情。比如潜心治学，只有潜下心来，沉得住气，我们才能够做出一番大事业来。

陶渊明的名字就叫陶潜，所以他的志向中就有一种超然处世的态度。

羽

羽翼未丰，如何做才能展翅高飞

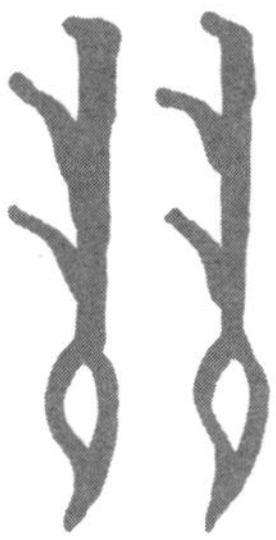

本义：鸟的翎毛

“羽”字从甲骨文到现在的写法都是象形的，写为  ，是鸟类飞行时羽毛的样子。所以“羽”的本义是鸟的翎毛。

羽化登仙

在古代，人们对于飞翔的东西，都有一种崇拜的心理。比如“风”和“凤”，实际上是通假字。“风”（風）里面是“虫”，这个“虫”也指天上飞的虫——羽虫，即鸟。“凤”（鳳）里面是“鸟”。道家把有修行的人死亡称为“羽化登仙”，“羽化”就是长出翅膀飞走了的意思，意指亡故的人灵魂脱离身体，飞走了。所以“羽化登仙”是指人死后登上了仙境，列入了仙班，进入了神仙境界。

羽翼未丰

我们常说羽翼未丰，指小鸟的翅膀还没有完全长出来，飞不高，飞不远，还处在学习的状态。“翼”是指翅膀，“羽”是指羽毛。羽翼未丰就是一个人还没有办法完全独立的意思。正是因为有“羽”，古人才在“羽”的基础上再造了一个字，就是学习的“习”（習），甲骨文写法为。

“習”上面是“羽”，下面是一个“日”，不是太阳，而是鸟巢的形状，一个圆形的鸟巢，中间铺着干草。所以“習”是小鸟要离开鸟巢，它扑闪着翅膀，伸展着羽毛，它在练习高飞，所以学习就是这个意思。“习”是指小鸟扇动着翅膀，要离开鸟巢的样子，它要学着飞翔。

古人认为“习”大于“学”，所谓“温故而知新”，意思是要温习以前的东西，才能够知道新的东西，这就是“习”的力量。

现在我们往往是以“学”为主，以“习”为辅，因为我们要学的东西，要记到大脑里的，要背诵的东西太多，而“习”的东西很少。但是通过“习”得到的东西可以成为你的肌肉记忆，你的身体和能力能够在“习”的过程中得到磨炼，所以“习”和你的生命力有很大关系。现在的人应多增加“习”的力量，在“学”的过程中，还要反复地实践，反复地练习，就像羽翼未丰的小鸟一样，要不停地练习扇动翅膀，才能自如地展翅高飞。

翔

生命当翱翔

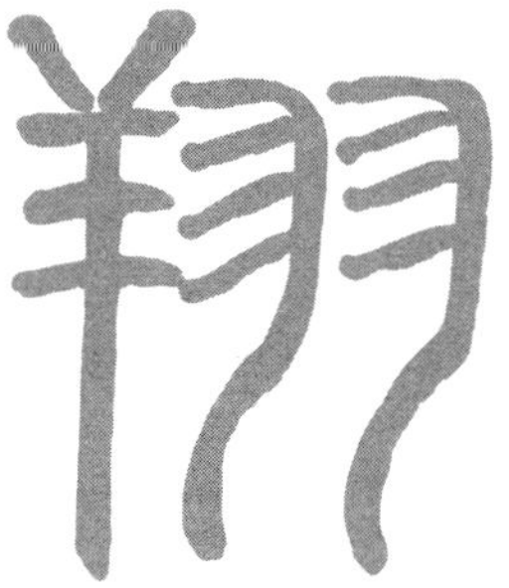

本义：鸟在空中安然飞翔的样子

“翔”字在篆文中写为，左边是“羊”，是个通假字，通吉祥的“祥”，代表着吉祥之意；右边是个“羽”，指代鸟类的羽毛。

所以，“翔”的本义是鸟在天空中安然飞翔的意思。

《说文解字》说：“翔，回飞也。”也就是来回盘旋、滑翔，不太使劲地飞。

“翱翔”：向上飞翔，越飞越高

我们经常会说“翱翔”。“翱”是左右结构的字，“翱”的左边是“皋”，它是个多音字，念“gāo”（水边的高地，沼泊地），又念“háo”（呼告，呼号）。其本义是水边的陆地，后来引申成为水面上的高地，所以它又通高低的“高”。所以“翱翔”就是向上飞翔，在很高的地方飞翔，越飞越高的意思。

“翩翩飞来”、“翩翩少年”

“翔”和“翩”字写法也比较相近，我们常说燕子“翩翩飞来”，或者“翩翩少年”。

“翩”左边是“扁”，右边是“羽”，指的是鸟收缩翅膀，把自己的身体拉直，然后向下俯冲的样子。后来“翩翩”引申为一种有节奏、有韵律，像舞蹈一样很美的动作。

总释

『海咸河淡，鳞潜羽翔』

“海咸河淡，鳞潜羽翔”这八个字可以理解为：海是咸的，河是淡的；鱼类在水底下游，鸟类在天空中飞翔。

为什么说《千字文》特别适合小朋友启蒙，因为它能帮助小朋友认识世界，了解植物、动物和山川河流这些最基础的知识，而且每一个字都有很重要的归纳性。同时，两句对仗，朗朗上口，非常利于记诵。

近现代以来，海洋文明征服了内河文明。现代化和全球化用轮船、大炮和贸易建立了新的利益通道；动植物的灭绝和环境的破坏成为日益严重的问题。这些，是我们在了解千字文时，要加进去的新的内涵。

内河文明是农业文明，亘古不变。日出而作，日落而息，安土重迁，滋味单一，所以是淡的；海洋文明是工业文明，用机械之心征服大自然，有冒险家精神，拓展边疆，充满意志和欲望，然而是咸的、苦的、重口味的，让人齁得慌。各种打捞捕猎，让动物都逃避或消失了，于是“鳞潜羽翔”，这也解释得通。

拾

CHAPTER 10

『龙师火帝，鸟官人皇』

“龙师火帝，鸟官人皇”，代指三皇五帝。“龙师”指的是伏羲，他是太古时代的三皇之首，其余两皇为神农和黄帝。神农又叫炎帝。“鸟官”是指黄帝的儿子少昊氏，少昊氏是五帝之首，其余还有他的儿子颛顼，他的孙子帝喾，以及两位圣明贤帝尧和舜。

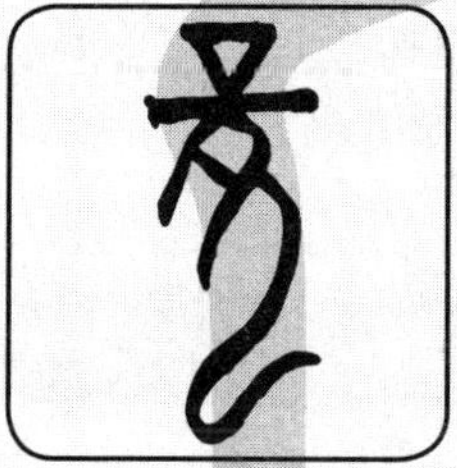

龙 · 212　师 · 214

火 · 217　帝 · 220　鸟 · 223　官 · 225

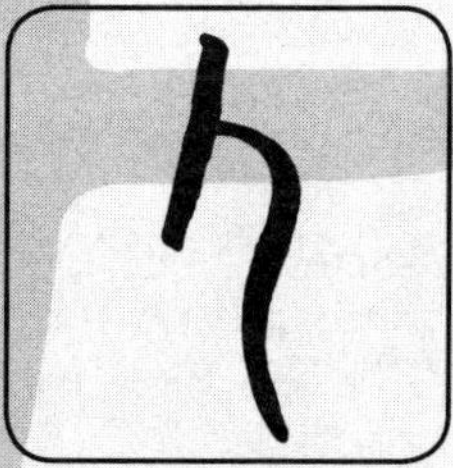

人 · 227　皇 · 230

龙

『飞龙在天，利见大人』

本义：中生代一种头上长角、大口啮齿的巨型爬行动物

“龙”是十二生肖里很重要的一个。中国有句古话叫“神龙见首不见尾”，是说龙很神奇，也很神秘。其实龙是一个虚拟出来的动物，没有人真正见过它长什么样子，但是所有虚拟出来的事物其实都是有根源的，也就是说它在现实世界中一定要有对照。

我们该如何去推测龙在现实生活当中对应的是什么东西呢？这可以从对文字的解释入手。

在甲骨文中，“龙”（）是一个口很大，有胡须，身子蜷曲着的动物。缩小看像只蚯蚓，放大一点看像条蛇，后来又给它头上加了锋利的角。

所以“龙”的本义是中生代[1]一种头上长角、大口啮齿的巨型爬行动物。

“龙，鳞虫之长”、“春分而登天，秋分而潜渊”

“龙”成为华夏民族的图腾后，人们对它的形象添加了一些想像，现在公认的“龙”的形象是狮头、虎舌、鹿角、蛇身、鹰爪、鱼鳞、鱼脊，相当于把海陆空所有动物的优点和特点集于一身。

《说文解字》说：“龙，鳞虫之长。”意思是龙是所有动物的首领。又说它“能幽能明，能细能巨，能短能长”，意思是龙能够变得幽隐，也能够变得很光明，它能够变小又能够变大，能够变短也能够变长。还说它“春分而登天，秋分而潜渊”，意思是龙在春分以后就在天上飞（飞龙在天），到秋分以后就又潜到水底下去了（潜龙在渊）。

“人中龙凤”、“龙凤呈祥”

《易经》当中也有很多和龙有关的内容：“潜龙勿用”、“飞龙在天”、“战龙于野”等。乾卦里每一个卦象都和龙有关。龙的形象变得抽象后，人们往往以龙自喻，比如我们常说“人中龙凤”，优秀的男性被称为“龙”，优秀的女性被称为“凤”。民间传说中还有“龙凤呈祥”，这个寓意在刺绣、对联和其他一些民俗当中都有体现。

---

1 中生代（Mesozoic）：是显生宙的三个地质时代之一，可分为三叠纪、侏罗纪和白垩纪三个纪。

师

业师可为，人师难当

本义：调动军队去打仗

在篆文的写法中，“师”（）左边是，通“堆”。它有两个含义。一个含义是古代打仗时用的兵符。古代兵符一分为二，一块由皇帝掌握，一块由在外领兵的将领掌握，两块兵符合在一起才能调动军队。

在甲骨文的写法中，“师”（）有点像两个残缺的玉合成的一块兵符，拥有这块兵符的人就意味着能够调动部队。

“堆”（）的另一个含义是土堆，从字形上看可以把它理解为两个山包连在一起。

“师”的右半边是“帀”，有个俗字就是“匝”，一匝两匝，有环绕、包围的意思。

“帀”在古代指丝帛、丝巾，后来把它引申为可以流通的、有价值的钱币。“匝”字就是把“币”字上面的一横或者一撇延伸了，包围了一圈，所以《短歌行》中“绕树三匝，无枝可栖”一句中的“三匝”，就是三圈的意思。

“师”左边是兵符，右边指包围，所以“师”的本义就是调动军队去打仗。也有另一种说法，说师是屯兵于山陵。

“三人行，必有我师焉”

“师”因为有发号施令的意思，所以它也是权力的象征。

有学问的人总是有威望、有威严的，因此学问本身也是权威和力量的象征。能够教我们学问，拥有知识的人我们就称之为老师。

孔子说：“三人行，必有我师焉。”这里的“三”本身也是多的意思。“三人行”就是哪怕只有三个人在一起，我也能够找到一个比我高明的人。

师者，传道授业解惑也

韩愈写过一篇很重要的文章叫《师说》，他在文中说：“师者，传道授业解惑也。”意思是说老师首先要能够“传道”，“传道”是指他能够把宇宙的真理、世界观教给你。“授业”是什么呢？是指老师教会你一门能让你以此谋生的技能。而“解惑”就是老师还要当学生的心理医生，能帮你解决生活上、心理上以及专业上碰到的各种疑难问题。所以一个人要想为人师至少要做到以上三个层面。有句话叫“业师可为，人师难当”。所谓“业师”，就是只是传授给学生一种技能的老师；“人师”则是要教会学生做人的道理。

师卦——地水师意味着你的人生要十什么

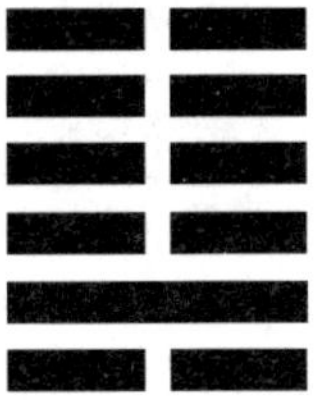

“师卦”卦象

《易经》中有个卦象叫“师”。师卦上面是坤，下面是坎，“坤”就是大地，“坎”意味着水，所以这个卦的全名叫“地水师”。“师卦”的卦象意味着要打仗了。如果以此卦象来解读事业，那就意味着你要经过一番激烈的争夺。

出师代表着王道，“师卦”的卦象意味着你已经站在了正义的这一边，同时你也要付出艰苦卓绝的努力，去拼杀一番，才能够得到胜利的果实。

“文武”两道都离不开“师”这个字，所以这个字是非常重要的。如果是武道，“师”就代表着军队；如果是文道，“师”就代表着师道。

火

学会掌握人生的『火候』

本义：物体燃烧时产生的光焰

“火”字的甲骨文写法为，非常形象，就是有三束火苗的一堆火。“火”上加“火”是为“炎”，我们都是“炎黄子孙”，炎帝是华夏民族最早的部落首领之一，他教会了我们如何生火、利用火。所以“火”的本义是物质燃烧时产生的光焰。

“炎”、“焱”、“燚”，用不同数量的“火”造字，表示火焰不同的强烈程度

古人为了表示火的强烈程度，就用不同数量的“火”造字来表示，如两个“火”是“炎”，三个“火”是“焱”(yàn)，四个“火”是“燚”(yì)。有些人被算命先生批为“五行缺火”，他们的名字里

可能就会用这个字来弥补；另外，“燚”字做人名的时候有平安之意。在潮汕话中，“燚”也有“闲情逸致”的意味。

我们为什么会“上火”、“发炎”

我们经常说“上火”、“发炎”，都用到了“火”字。上火和发炎的本质是什么呢？是因为我们体内有“外邪入侵”，这是中医的说法；西医叫体内有了病毒或者细菌感染。当我们感染细菌或病毒时，体内的白细胞就会和这些细菌病毒打仗，打仗就会出现死亡，死亡的细胞和病毒堆积起来会产生热量，堆积热量的部位就会有发炎、上火的症状。

“灿烂”、“烈”：有火字旁或火字底的字都和“火”有关

我们常说一个人笑得很“灿烂”。“灿烂”是指火焰明亮的样子，这两个字都用火字旁，因为火可以照明。

除了有火字旁，还有火字底，火字底我们就称为四点。比如烈士的“烈”，下面就是一堆火，实际上“烈”在古代是一种火刑。所以有火字旁或火字底的字都和“火”有关。

“金木水火土”中的“火”代表什么

“火”还是中国传统文化中的五行之一，“五行”就是金木水火

土，分别对应着不同的方向、颜色和人的五脏。“火”对应着南方，颜色对应的是红色，身体的部位对应的是心。而我们人体中的肾属于水，肾和心就构成了水火相济。

中国古代文化中有火神，有人认为火神是炎帝，还有人说是祝融。中医当中有一个“火神派”，这一派别的医师都比较善于用生发阳气的药材来治病，所以称之为“火神派”。

“火候”

人们经常讲到“火候”一词，控制好“火候”是用好火的关键。

成语说“水能载舟，亦能覆舟”，火也如此。火既可以给一个人带来很多好处，同时也可以把一个人烧掉。比如很多人一夜暴红，但如果他没有驾驭火候的能力，也有可能大火之后就一落千丈，一蹶不振，甚至是整个人傻掉，变得找不到北。所以，我们无论做什么要善于掌握人生中的火候。

帝

什么样的人可以为『帝』

本义：带有木柄的金属武器，祭祀上天

“帝”字大家往往理解成具有至高无上权力的人。最早有三皇五帝，后来秦始皇统一中国之后自称始皇帝，从此“皇帝”一词就深入人心了。

“帝”字最初的含义并不是指皇帝。目前有三种说法。

第一种说法：带有木柄的金属武器。

“帝”在甲骨文的写法为，像一把有着木柄的锋利的刀子，本义是带有木柄的金属武器，后来人们把拥有带有木柄的锋利的刀的人称为“帝”。

第二种说法：祭祀上天。

“帝”从字形上看，它不仅仅像一把带着木柄的锋利的刀，还像在祭祀上天的时候架起来的柴堆。所以也有专家认为“帝”通“禘”，是祭祀上天的意思。

第三种说法：郭沫若等人认为“帝”其实指的是根蒂。

从金文的写法上看，“帝”（）的确有点像花骨朵的样子，指植物的茎与果实连接的位置。比如我们常说的“瓜熟蒂落”，意思就是瓜熟了以后，连接瓜和茎的地方就会断掉。

目前这三种说法中最可采信的还是武器说，其次是祭祀说。

“帝”不仅是权力象征，更是道德的楷模

在中国古代，儒家学派把“帝”放在特别尊崇的位置。“三纲五常”中，皇帝是最高等级的。还有一个说法，“夫大人者，与天地合其德”，这种说法认为能称之为“帝”的人，不是权力的象征，而是道德的象征，因此具有至高无上的道德的人可称为“帝”，也就是说能够深得民心的人才能为“帝”。

最早“帝”是一个伟大的人，一个能够带领人们开天辟地、创造新的生活、走出洪荒时代的圣人，能够为广大的人谋取福利，且没有私心。因此“帝”这样的人是很罕见的。而后来“帝”变成了统治者，这是很大的一个转变，它从道德象征转换成了权力象征，成为一个统治者或者压迫者。

在理解“帝”字的时候，要知道它本身有道德的一面，后来又转化为权力的象征。我们希望重新擦亮这个字，来思考什么样的人能称为“王”，什么样的人能称为“君”，什么样的人能称为“帝”。这可能是我们要一直探寻的目标。

鸟

长尾飞禽的总称

本义：长尾的飞禽

在甲骨文中，“鸟”（）的写法非常形象，有尖尖的嘴巴，有一只很突出的眼睛，有羽毛还有爪子。

简体的“鸟”字，最上面的一撇，代表鸟嘴；上半部分的半包围结构加中间的一点，代表鸟头。看起来，简体的“鸟”字更像是一只没有羽毛的鸟。

“鸟”有“niǎo”（指飞鸟）和“diǎo”（指男性的生殖器官）两个读音

在民间的俗语当中，鸟也指男性的生殖器官。它有两个读音，当它读“niǎo”的时候指飞鸟；当它读“diǎo”的时候，就指男性的生殖器官。

“鸟”读“diǎo”的时候并非是不雅的字，因为在古代普遍有一种对生殖器官的崇拜，所以很多造字都和生殖器官有关。比如祖先的“祖”字，左边是“示”，即请示，沟通天地的意思；右边是“且”，指的就是男性的生殖器官。

与鸟有关的字：隹、鸡、鹏

《说文解字》说：“鸟，长尾禽总名也。”所以，“鸟”指的是长尾禽。还有一种尾巴比较短的鸟，叫“雀”。“关关雎鸠”的雎鸠，则是一种水鸟。

与“鸟”有关的字特别多，比如“鸡”。还有《庄子》中提到过的一种鸟，出来的时候遮天蔽日，这种鸟在水里时称为“鲲”，“鲲”变化后飞到天上就是“鹏”。后来“鲲”“鹏”都指很大、很神奇的动物。也有说法认为鹏就是凤凰。

南宋名将岳飞的字，就是“鹏举”，大鹏展翅的意思。

“鸟迹”、“众鸟欣有托，吾亦爱吾庐”

“鸟”还和我们文字的起源有关，传说仓颉造字就是受到“鸟迹”（鸟迹就是鸟的爪印）的启发。后来，“鸟迹”也代指篆书。所以“鸟”字在传统文化中是很重要的，诗人也喜欢拿鸟来自况，有时则以鸟比兴。陶渊明在《读山海经》里写道：“众鸟欣有托，吾亦爱吾庐。”万物与自我皆得安顿，是一番大美的境界。

官

『官』是不好当的

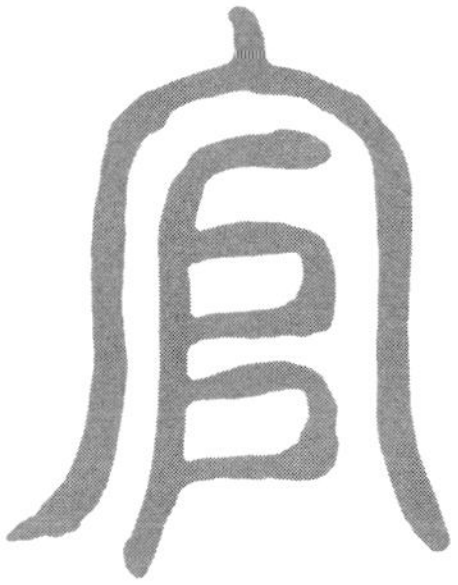

本义：帮助君主治理社会的人

在篆文里，“官”（）上面是宝盖头，代表房子；下面是，前文讲过它有三种解释，一是兵符，一是小土堆，一是“聚众”。所以“官”字的意思是在房子里面掌握兵符的人，兵符代表权力，持有兵符就是掌握权力，这样的人就是统治民众、管理民众的官员，因此“官”的本义是官员。

《说文解字》说：“官，吏事君也。”所以“官”就是能够帮助君主治理社会的人。

做官的两个学问：“致良知”、“知行合一”

黄仁宇写《中国大历史》和《万历十五年》这两本书的时候提过

一个名称，叫“文官集团”。文官集团说的是中国几千年来一直存在一个巨大的隔离层，这个隔离层就是官僚体制。

官僚体制作为统治者的代理阶层，他们掌握着话语权，掌握着主导事物发展方向的权力。文官集团使中央政府能够实现大一统，用科举制度选拔官员来打理行政事务。文官集团实际上是左右和改变历史走向的一个群体。

所以“官”和“管”之间有很大的关系，“官”加竹字头就变成“管”。这里的竹字头是指古官员批复公文用的毛笔。金文中，“管”字有一种写法是在“官”的左边加王字旁（），王字旁代表着玉，玉代表印章。一个掌握权力的人，有了笔就有了签字权，有了印章就有了发号施令的权力，所以当官就有了发号施令的权力，有了“管”别人的权力。

中国古代一直有“清官文化”，所谓“当官不为民作主，不如回家卖红薯”。百姓希望官员作为权力的代理人，能够为老百姓去代言，所做之事能够体现人民大众的利益。但是人民大众又是一个抽象概念，具体而言就是要体现每个人的利益，这样社会才能有公平、公正和正义，所以官是不好当的。

当官必须要有王阳明所说的两个学问：一个学问是“致良知”——做官要遵守自己内心的良知。另外还要有“知行合一”的学问——当你认识到一个问题的重要性、深刻性，就要用行动去把它解决，去把它办到，这是第一层；知是行之始，行是知之终，知即是行，即知即行，这是第二层。

人

『三光者，日月星；三才者，天地人』

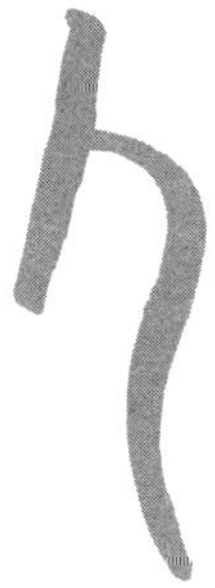

本义：跪拜的人，躬身劳作的人

“人”在甲骨文的写法中，有点像一个人半跪着的状态，表示敬畏上天，敬畏鬼神，敬畏地位比自己高的人。

同时“人”的字形还有点像一个人在劳动的状态，比如躬着腰插秧、采摘的样子。所以“人”字的含义在古代既可以表示地位极低，也可以表示地位极高。

“地位极低”是什么意思呢？是因为人要躬身劳动，同时要通过跪拜来表示对天地鬼神和地位比自己高的人物的敬畏。

“地位极高”又是什么意思呢？在古人的理解中，“人”是万物灵长，人可以和天地并称“三才”。《三字经》中说：“三光者，日月星。三才者，天地人。”天地人是人们所能触及的世界里认为最重要的三个部分，且由“人”来协调着天地万物之间的关系。“天地人”也是中国最古老的自然观，即人如何去主导自然，主导的同时也教人如何与自然和谐相处，后来这个思想逐渐发展为“天人合一”的思想。

实际上，“人”这个字的写法是到隶书以后才规范下来的。在篆书和之前的金文、甲骨文中，这个字的字形其实是和我们现在理解的不太一样。现在人们对“人”字的理解往往是一撇一捺，是一个互相支撑的结构，代表人和人之间要互相借力、互相支撑的关系。

“人”是和万事万物共生共荣的

因此，我们了解“人”，先要知道人在大自然当中的位置，明白人和万事万物是共生共荣的，人应该做什么，不应该做什么。比如人不应该破坏环境，应该尽量保持生态、物种的多样性，尽量不要因为自己的贪婪和欲望而去破坏和透支大自然所蕴藏的丰富资源。

古人有很多智慧，比如古人知道哪里有煤矿，但并不会去挖，有的时候因为地震等原因，有一些煤裸露出地表了，他们才会捡煤来烧，但不会主动去挖。因为古人有一种很朴素的神秘主义观念，认为如果挖了矿藏，透支了自然的蕴藏，就会受到惩罚。而现在我们正是处在一个透支的时代，为了满足社会工业、商业的发展，还有我们的欲望，而一再透支自然资源。

“人”既要有顶天立地的气概，还要有保持敬畏之心的智慧

未来的发展可能会大大超越我们旧有的认识，但是我们要看到

"人"当中哪些是变的部分，哪些是不变的部分。从文字学上来理解，"人"是否还应该保持一种谦卑的心态。从现在"人"字的结构来看，"人"已经直立起来了，走向平等了。而在隶书以前，"人"还是一个卑躬屈膝地劳作，或者是跪拜状态的人。所以我们要警醒的是，既不应该丢掉古人"天地人"三才这种顶天立地的气概，同时还要具有保持敬畏之心的智慧。古人有"无我精神"、"忘我精神"以及"牺牲小我的精神"，这都是值得我们尊敬的。

"二人为仁"

讲到"人"，就不得不联系到"仁"。在甲骨文中，"仁"（）左边是单人旁，右边是"二"。"仁"有两种说法。一是"二人为仁"，即处理好和他人的关系就是"仁"的精神。另一种说法是"二"意味着平等，这是中国最原始的人和人之间的民主观念，所以"二"是等号，权利要对等。

总之，在造"仁"字的时候，已经确定了一种秩序，这种秩序就是自我和他人之间的关系。

"人"字告诉我们，一个人一辈子最重要的事情就是自己人格的完整和道德的完善，这是一个人毕生要追求的东西。

皇

有德之人才能称『皇』

本义：通“凰”，凤凰

“皇”字的写法在历史的发展过程中经历过几次变化，比如上半部分的“白”有的时候写成“自”，下半部分的“王”有的时候写成“土”，所以为“皇”字正本清源是一件比较困难的事。

在金文中，“皇”（）字上半部分的“白”是什么意思呢？目前有三种说法。第一种认为“白”是古代的王冠；第二种认为它有点像火光；第三种说法是“皇”通“凰”，就是凤凰的意思。因为甲骨文中“皇”字上面“白”（）的字形有点像凤凰尾巴上鲜艳的羽毛，类似孔雀的尾巴。目前看来，这个说法的可能性是最大的。

因此我们可以推测皇帝的“皇”最早是一个凤凰的图腾，且人们把首领称为“凰”，就是取它大而美的含义。

在甲骨文中，“自”（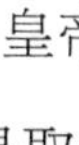）像一个鼻子的形状，指着鼻子说自己的意思。

“皇”首先是个有德之人，并不单单指权力统治者

清代梁章钜在《称谓录》中说：“德合天者谓之皇，合地者谓之帝，合人者谓之王。”意思是道德能够达到道法自然的境界，与天相合的，就称为“皇”，与地相合的就称为“帝”，与人相合的就称为“王”。又说：“父天母地，养人理物，谓之皇帝。”意思是把天当作父亲，把地当作母亲，养育人间万事万物的人就可称为“皇帝”。

《诗经》中说：“凤皇于飞，翙翙其羽。”意思是凤凰在天上飞的时候它的羽毛会扇动。此句里“凤凰”的“凰”用的是“皇”字，因此也可以佐证“皇”通凤凰的“凰”。《尔雅》中也说“凤其雌皇”，意雄性为凤，雌性为凰。包括《尚书》中也说“凤皇来仪”。

而无论“皇”是凤凰的“凰”还是皇帝的“皇”，都有至高无上的含义。因此我们把做人做到极致的人称为“皇”，无论是成皇成帝，还是成王成圣，指的都是道德圆满、高尚之人。因此在理解“皇”的时候，应该知道“皇”并不单单指权力意义上的统治者，他首先应该是个有德之人。

总释

『龙师火帝，鸟官人皇』

“龙师火帝，鸟官人皇”连起来是什么意思呢？这句话讲的是中国远古时期的三皇五帝。“龙师”指的是伏羲，他是太古时代的三皇之首，其余两皇为神农和黄帝。神农又叫炎帝，因为他会用火。

伏羲为什么叫“龙师”呢？因为他能为部落驱逐野兽，还会教部落里的人先天八卦，认识自然的知识等。他的手下都是以“龙”来命名的，比如青龙、黄龙、赤龙等，所以“龙师火帝”的“龙师”指伏羲。燧人氏是“钻木取火”的发明者，他教部落里的人如何生火，如何把食物烤熟来吃，所以人们把燧人氏称为“火帝”。

“鸟官人皇”的“鸟官”是指黄帝的儿子少昊氏。少昊氏是五帝之首，五帝除了少昊氏之外，还有他的儿子颛顼、孙子帝喾，以及传说中的两位圣明贤帝尧和舜。少昊氏为什么被称为“鸟官”呢？因为少昊氏手下的大臣，穿的衣服都以鸟为图案。“人皇”是指天地人三皇之一的“人皇”，古人认为天皇、地皇、人皇存在于伏羲以前盘古开天地的时代。

古代儿歌中有：“乾坤初开张，天地人三皇。”“天皇十二子，地皇十一郎。人皇九兄弟，万八寿最长。”意思是在天地最初形成的时候，人能够活到一万八千岁，寿命很长。

综合来看，“龙师火帝，鸟官人皇”代指的是三皇五帝。

拾壹

CHAPTER 11

『始制文字，乃服衣裳』

“始制文字，乃服衣裳。”有了衣服就有了礼仪；有了文字，我们就能够传播知识和文化，因此可以说有了自己的文明。

始·236

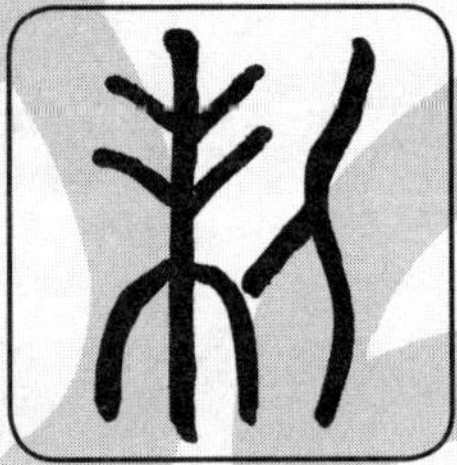
制·238

文·241

字·244

乃·246

服·248

衣·251

裳·253

始

万事万物的开端

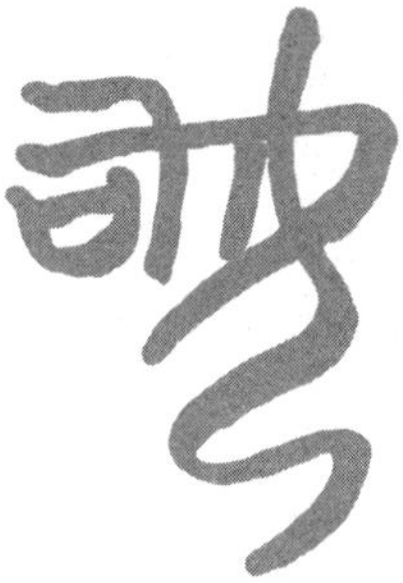

本义：最初繁衍家族的女性

“始”字左边是“女”，右边是“台”。“女”可以理解为女性，那么“台”怎么理解呢？

有一种说法认为“台”金文的形态，上面像鼻子，下面像嘴巴，整体像一个婴儿最初成形的状态。

另一种说法认为，“始”字右半边的“台”上面像一个倒立的婴儿，下面的“口”是胞胎，这个说法是比较可信的。

所以“始”的意思是能够孕育婴儿的母亲。《说文解字》说：“始，女之初也。”所谓“女之初”，就是最初繁衍家族的女性。

在金文中，“始”（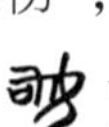）字左边是“司”（），右边是“女”（）。“司”是掌管的意思，所以“始”有女性掌管生育繁衍的意思。

所以不管它的写法发生了怎样的变化，“始”始终和繁衍有关，和人类的始祖有关。

秦始皇为什么自称“始皇”

秦始皇为什么自称“始皇”，是因为他认为天下由他开创，他是最重要的开启人。所以“始”字意义很重大，它代表了万事万物的开端。谁当得起“始”字呢？传说中有女娲造人的故事，女娲捏一个泥人，一吹，泥人就活了。所以女娲其实就是中华民族传说当中的始祖。如果说谁能当得起“始”这个字，那就是女娲。

制

『删繁就简三秋树，立异标新二月花』

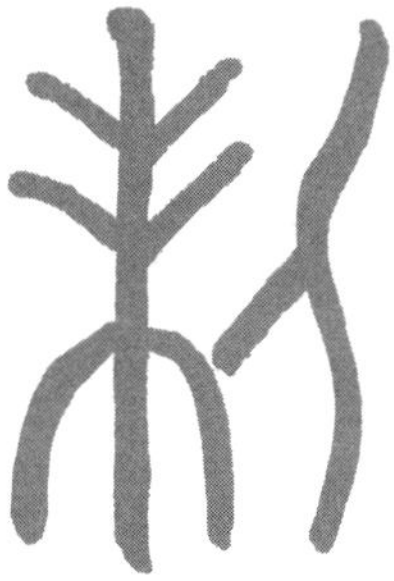

本义：用刀修剪树枝，使树结出更多更好的果子

“制”字经历了一个返简的过程。其最初的写法和现在简体的写法很像，繁体字的“制”下半部分加了“衣”，表示裁剪、制造之意；但同时也保留了“不加衣”的“制”的写法，如“制度”。后来，在字体简化的过程中，又把“衣”去掉了。

在金文中，“制”（）的右半部分是刀的形状；左半部分最早的写法是未来的“未”，在金文中为。“未”是什么意思呢？它是树木的形状，这棵树还没有开花结果。树木长得太繁盛，就有一个问题，枝杈会吸收过多的营养，不利于开花结果，所以要用刀修剪树枝，减少营养浪费，使树接出更多更好的果子，这是“制”的本义。

“制裁”

后来，在演变的过程中把“制”引申为裁剪衣服，在“制”下面加了“衣”字。

《说文解字》说：“制，裁也。”现在说到“制裁”一个人或一个国家，就是要让对方按照自己的意思来行事，按照自己主观的愿望来改变。

“制”的力量：“花之千叶者无实，为其华美太发露耳。”

“制”蕴含着一种朴素的哲学思想，古人观察大自然发现，树木如果枝叶太茂盛，那么开花结果的数量就会少很多。要想让树木结出更多的果子，就必须在树木生长的过程中，修剪它的枝条，让它的养分聚集起来。古人还将这个道理和方法引申到对人的教育和培养当中。

用中医的理论来讲，培养孩子的过程中，不能让他的兴趣爱好太发散，使时间和精力耗散太多；要拢一拢他的精气神，教导他要专心于一件事情。郑板桥有一副对联叫“删繁就简三秋树，立异标新二月花”，意思是只有删繁就简，树才会长得很好。

王阳明在给一个朋友写的信中曾说：“凡后生美质，须令晦养厚积。天道不翕聚，则不能发散，况人乎？花之千叶者无实，为其华美太发露耳。”意思是天道如果不聚拢、包裹起来，那么在发散的时候它就没有力量。花的叶子越多，它结果实的可能性就越小。是什么原因呢？因为花越漂亮，叶子越多，它的光华已经耗散尽了，因此它就没有力量再去结果实了。一个人潜心治学的过程也是如此，要有一个藏在冰山下面，含而不发的过程。在这个过程中，你积累的能量越大，那么将来用的时候，就会爆发得越强烈。因此对于好学的学生，不要让他急着发光，显露才华，而要厚积薄发。

这就是“制”的重要性。

文

既可以记录世界，也可以表达自己的内心

本义：古人在石壁和甲骨上刻下的记事纹路

“文”字在甲骨文的写法中是个交错的网格，“文”的本义是远古时代人类记事的时候在石壁和甲骨上刻的交错的刻痕，所以它通“纹”。玉有纹理，羽毛有花纹，“文”最早的时候指的是花纹和纹路。

文心：写字的时候要表达出内心世界

金文中“文”（）字特别奇妙，在“文”字笔画中间交叉的空白地方，放了一个“心”进去，这就是“文心”的起源，即当你刻画纹路作标记或者写字的时候，你要表达你的内心世界。

心在甲骨文中是一个心脏的形状，心房心室略能分出。

“文”是一门“格物”的学问，即观察万物，找出规律，记录并传递下去

《周易》中说：“仰以观于天文，俯以察于地理。”意思是我抬头能够看到天上天体星象的变化；低头我就能看到山川河流这些地理位置的分布，以及草木鸟兽等万事万物。后来发展出来一门叫“格物”的学问，“格物”其实就是文的意思。古代没有文科和理科的区别，它们都属于“文”。所谓“文”，就是观察万物，找出规律，记录并传递下去。

天地山河就是一篇大文章

如果把“文学”理解为写文章之学就太小了。什么是文章？有文有章，“文”就是它的纹路，“章”就是它的结构和章法。所以古人说山河大地就是一篇锦绣大文章。

“文学”的本质就是观察世界，这是关乎天道和人道的一门学问。现在人们所理解的文学叫“辞章之学”，就是如何遣词造句来写出一篇好文章，这其实称不上“文学”。

文明：找到真理并造物传播

文明是什么意思？“文明”，“文”是把事物刻画出来，“明”是让大家看清楚。“物质文明”就是人们通过器物来表达自己的内心和精神状态。而书法、著作、音乐还有礼仪制度、文物典章都属于“精神

文明”。所以“文明”说白了就是找到真理，然后通过真理去创造物质财富和精神财富。

人文精神：让所有人走向自由平等

“文化”和“文明”的不同之处在于，“文明”是不断地发掘自己的意识，然后展示给人看；而“文化”是不断地变化和演进的，它反映着人们的意识状态。

中国是一个文化大国，也是一个人文大国。所谓人文精神就是要不断地发现世界，不断地发掘自己的意识状态，把各种先进的理念，推向一个新的高度。最终，人文精神是要让所有人走向自由平等。

字

『字』也有生命

本义：生孩子

“字”就是文字。现在来看，它表示的是组成文章最基本的单位。但“字”的本义并不是指汉字或者文字，它指的是在家里生孩子。从“字”的结构可以看出，上半部分是宝盖头（宀），凡是字中有宝盖头的，其意思都和屋子、房子、家有关，下半部分是孩子的“子”。

《说文解字》说：“字，乳也。”“乳”是生产繁殖的意思。生产的时候一般是要在室内等比较安全的地方。因此“字”的本义是生孩子，在金文中写为。

《山海经·中山经》中有句话叫“苦山有木，服之不字”。意思是有座山叫苦山，山上长着一种植物，喝下它的汁液后就不能生产。很多人认为《山海经》中说的这种植物，就是避孕的中草药。《广雅》中也很明确地说：“字，生也。”所以，“字”是生产的意思。

“待字闺中”

后来“字”又被引申为怀孕、出嫁。因为女人生孩子之前先要怀孕，怀孕之前先要出嫁。所以《易经》中说：“女子贞不字，十年乃字。”意思是女性少女时期很贞洁，过了十年才出嫁，这里“字”用的是它的引中义“出嫁”。

有一个成语能帮助我们理解“字”出嫁的含义，即“待字闺中”，它的意思是少女等待着出嫁。

为什么文字也是有生命的

古代的“文”字就是今天的“纹”字。《说文解字》说：“文，错画也，象交文。”古人文身、画图都称为“文”。中国的文字从象形而来，所以古代的“文”就是今天的“字”。

“字”演变到今天为什么有了“文字”的意思？因为文字的产生和演变和生小孩很像。文字能繁殖、引申，它有变化，有成长，所以就把“字”借用过来表示文字的意思。

现在“文字”是连用的。在古时候，独体（仅含有一个单独形体，难以拆解的字，如上、下）的叫“文”，合体（与独体相对，指由两个或两个以上的单个字组成的字）的叫“字”。由此可以看出，“字”是从文中生出来的；“文”是指最早的图案、符号，“字”是指由符号引申出来的东西。这就是“文”和“字”的关系。

理解了“字”和“文字”的意思，我们才能明白，原来文字也是有生命的，而生命就是“字”的最根本含义。文字就像我们的生命一样，它具有成长性，有生有死。我们使用它，它就活着；我们不用它，它就是死的。

乃

『王师北定中原日，家祭无忘告乃翁』

本义：哺乳、生养后代

“乃”字甲骨文的写法像两个乳房的样子。因此它的本义跟女性哺乳、生育、培育后代有关。

汉字中，很多字是很严肃、很神圣的。比如古人有生殖崇拜，认为生育是一件很神圣的事情，所以就造字来表示它。生完孩子之后要哺乳，哺乳也是一件很神圣的事情，就造了“乃”字来表示。

后来古人把“乃”字从乳房的含义上升到了对地位很高的人的一种称呼，比如家族里哺乳功劳最大的人，就称为“乃”。祖母的“母”也是这样，“母”字中的两个点也代表乳房。

“乃翁”、“乃兄”、“乃是”、“乃至”

陆游有一句诗叫“王师北定中原日，家祭无忘告乃翁”，意思是你的父亲虽然去世了，但将来军队打了胜仗，祭拜的时候你不要忘了告诉你父亲这个消息。“乃翁”就是你的父亲。所以“乃”在这个地方有“你”的意思。我们常说的还有“乃兄”，就是你哥哥的意思。“乃”在这里是一个尊称。

还有，我们用“乃是”、“乃至”来表示“是”、“就是”时，则有加重语气的意思。

服

心服才是真的服

本义：制服犯人

在甲骨文中，“服”（）的左半边很像一个将头和手锁在一起，把人限制住的木枷；右上半部分是一个人的形状，下半部分是个“又”（）字，“又”有手的意思。

所以“服”的本义是一个人用手去抓犯人，将犯人制服，然后将他锁到枷锁里去。

“俘虏”、“征服”、“制服”、“降服”

因此“服”在古代既可以作名词用，也可以作动词用。作名词用时指被征服的奴隶——战败被俘的战俘，所以有学者也认为“服者俘也”，即“服”和俘虏的“俘”意思是相通的。

“服”作动词用时指征服，就是把别人打败，征服别人。有时候，它也指被征服的那一方，即有被征服的意思。与此意思相同的还有“制服”、“降服”。

“为人民服务”、“服装”、“衣服”、“佩服”

那么，“为人民服务”中的“服”又是什么意思呢？这句话的意思是我要当人民的公仆，我要当人民的奴隶，要为人民勤劳干活。这就叫为人民服务。

“服”在日常使用中，还可以理解为“服装”、“衣服”。为什么“服”会跟衣服有关系？在古代，一般靠服饰的样子来辨别奴隶的身份，所以最早“服”指的是制服，奴隶穿的衣服就称为“服”，后来引申为各种服装。

“服”能辨别一个人的身份和阶级地位，辨别一个人出身是高贵还是卑贱。所以古人很重视什么场合穿什么衣服，不同地位也要以不同的服饰区别开。

我们常说我很佩服这个人，“佩服”简单来说就是我认为你比我高，我比你低，所以我佩服你。我心甘情愿地认为我比你低等。这里“服”的意思也是从“奴隶”的意思发展过来的。

我们通常把吃药叫作“服药”。“佩服”也是一种进药的手段，比如说佩戴一个香囊或者一个有香气的瓶子，那么人体就会自动吸收香气，这也叫“佩服”。

口服心服

吃药的一种方式是“口服”。有个成语叫“口服心服”，它的本义是如果我们嘴里吃了药，但是心里并不认为这个药有作用，那么实际上药的效果会降低 20%。所以如果要想吃药的效果好，首先要相信这个药的功能和疗效，这样才可以增加药的效用，这就叫口服心服。今天我们一般用的是“口服心服”的引申义，表明从外到内由衷地佩服。

衣

『衣』中有情

本义：身体上面穿的衣服

现在，我们把上衣和裤子、裙子都称为“衣”，或者叫衣服。但古人只把上面穿的衣服称为“衣”，把下面穿的衣服叫“裳”，“衣”与“裳”合起来才是我们现在理解的“衣”。

也有学者认为，这个“裳”实际上是围裙。裤子是后来才发明的，最早大家下面都是用一块布一裹，很宽大，穿“衣裳”实际上就是上面穿衣服，下面穿裙子。

“衣”，甲骨文的写法为，上面像两只胳膊要穿衣服的样子，下半部分的字形像是有一个领口，还有两个袖子，很方便，一套就能穿上去。

在甲骨文时代，“衣”极有可能是用动物的毛皮做的，先把动物的毛皮割下来，画好切割线，然后按线切割，再进行鞣质，让皮毛变软，最后缝上一些能够把衣服系紧的带子。这可能就是衣服最早的样子。

“依依不舍”、“小鸟依人”、“一衣带水”、“唇齿相依”

“衣”从前是个通假字，通“依依不舍”、“小鸟依人”、“唇齿相依”的“依”。我们常用“一衣带水”形容两个邻国挨得很近，隔着一条河，这个河有多宽呢，一条衣带那么宽。表明很近，很亲密。它的断句不是“一衣，带水”，而是“一衣带，水”。

“衣”也可以用来形容人与人之间的亲密关系，例如我们常说“唇齿相依”。就好像人和衣服的关系一般，贴得很近，好像不能分离，依依不舍。因此用“唇齿相依”来形容两个人的关系，两个人依偎在一起，就像你和衣服的关系一样，肉贴着肉，很亲密。

“岂曰无衣，与子同袍”

《诗经》里有一句名句：“岂曰无衣，与子同袍。”就是说你不要想着你没有衣服穿感到寒冷，我可以和你穿一件衣服。这其实就是一种同胞手足之情，就是说只要有我穿的就有你穿的，如果只有一件那我俩就一起穿。

裳

『裳』中有德

本义：裙子、裤子

“衣裳”在古音当中念“衣常”，且这种读音在现在的方言中仍然存在。我是湖北人，在湖北孝感的方言中，就说“把衣常穿好”。

在古代，“裳”的篆文写法为，指的是裙子、裤子或者连衣裙。上面是“衣”，下面是“裳”，连体的也叫“裳”。

“裳”通经常的“常”

“裳”也通经常的“常”，“经常”是个引申义，还有“常常怎么样”，都是引申义。“常”字在篆文中写为，上面是个“尚”，下面是一个“巾”，“巾”也有衣服的意思。

“脱我战时袍，着我旧时裳”

知道了“衣”和“裳”的区别，我们就不会搞错。但在古代的用法中，它们之间既有联系，也有区别。《木兰辞》中就曾提到过，“脱我战时袍，着我旧时裳”，讲的是花木兰从军，后来回到家里，从男儿身变为女儿身，脱掉了盔甲，“着我旧时裳”，穿上了她做女孩子时穿的衣裳。“裳”在这里指的就是长裙子的意思。

《易经》中的“黄裳元吉”是什么意思

在《易经》的坤卦中有一句爻辞，“黄裳元吉”，这是坤卦里头的第五爻。“黄裳元吉”的意思是作为女性，要穿上颜色比较中正平和的衣服，尤其是下半部分的衣服，就是裙子的颜色要中和一些，这样就能够获得吉祥，并拥有平和、顺从的美德。

坤卦讲的是坤德，就是教人要顺从谦卑，要穿颜色不是很显眼的衣服。而古时候黄色比较接近土色，不是很显眼，古人认为比较中和，所以就说“黄裳元吉”。

总释

『始制文字，乃服衣裳』

“始制文字，乃服衣裳”一句是说人类有了文字，穿上了衣裳，就进入了文明社会。因为有了衣服就有了礼仪，有了文字就能够传播知识和文化，因此可以说有了自己的文明。

衣裳代表着“礼制”，也就是社会秩序。人有了羞耻之心，才会穿上衣服，异于禽兽；人有了攀比、上进之心，追求幸福生活的权利，才会要求穿更好看、更自由的服装。我们有时候把古代文化以“衣冠文物”相称，把衣冠放在前面，可见衣冠之重。衣冠有时也代指文士，冠冕堂皇的人。沈从文有《中国服饰史》一书，可看出改朝换代之后，典章制度都要换一换；不仅各种制度要改，服装也会改制。服装一改，面貌就焕然一新。

文字就更不用说了，我们今天要对文字追根溯源，穿越历史的迷雾，和汉字一起回家，就是看到先民“始制文字”的那一刻，惊心动魄的那一刻，文明史由此展开的那一刻。那个开始，如同宇宙的奇点，迎来了大爆炸、大膨胀，由此产生了我们灿烂绵延的中华文明。

拾贰

CHAPTER 12

『推位让国，有虞陶唐』

“推位让国”指国君自愿让出自己的位子和权力给更合适的人。虞氏指舜；陶唐氏指尧。尧把自己首领的位置传给了舜，舜后来又把位置传给了禹，他们都是中国历史上非常贤能的君王。这就是“推位让国，有虞陶唐”一句的含义。

推 · 258　　位 · 261

让 · 264　　国 · 266　　有 · 269　　虞 · 272

陶 · 275　　唐 · 278

推

推掉一些不必要的东西就是自尊自重

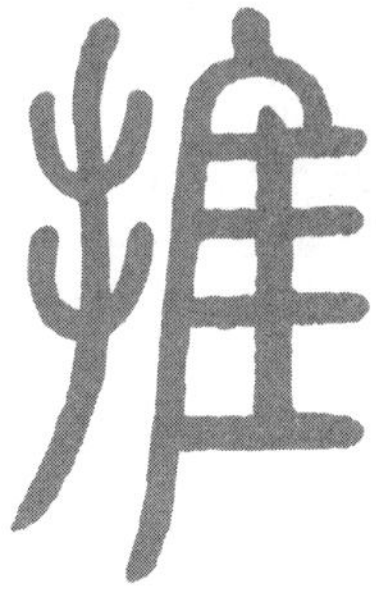

本义：把鸟赶走、推开

“推”这个字很常用，如推动、推广、推荐等。还有个社交网站叫推特，相当于中国的微博。推特是什么意思？它的英文为 Twitter，就是小鸟叽叽喳喳叫的声音，音译成中文就叫推特。它用了一个推字，虽然是音译，但结合中国的文字学知识来看，会发现译得非常准确。推特的功能就是把一条很短的信息推到你面前来，然后你能够转发，能够评论，这就是“推”的含义。

“推”这个字也跟小鸟有关，因为“推”的左边是个手，右边是个“隹”。“隹”是短尾巴的鸟的意思。小鸟尾巴都短，但有的长大之后会变成长尾的鸟，有的长大之后还是短尾的鸟，短尾的就叫“隹”。

从篆文字形看“推”（）就是用手把鸟推开，推着向前走。向前移动这个动作就是把鸟赶走。所以“推”字本义就是把鸟赶走、推

开的动作。

推掉一些不必要的东西是自尊自重

古代有个人叫介子推，他是春秋时期晋文公重耳身边的一个人。人们说介子推有“三推”。第一推是晋文公在战乱当中逃难的时候没有饭吃，介子推把自己屁股上的肉割下来做成汤，跟晋文公说这是麻雀汤，请他喝掉，把这个快要饿死的主公救活了。后来晋文公要赏他，他推却了，这是介子推的第一推。

第二推是晋文公夺得了政权，要给他封赏的时候，他又推却了，还带着老母亲去山上隐居，这是他的第二推。后来民间流传一首歌谣，说晋文公重耳没有奖赏介子推，这是不符合当时春秋大义和人心的。

后来晋文公带着人，去山上找介子推和他的母亲。但是介子推又推却了，不肯出山。这是介子推的第三推。不出来怎么办？有人出了个馊主意，用烧山的方法把他逼出来，结果介子推誓死不出来，最后和母亲一起被烧死在山上。

介子推在古代特别受人尊敬和推崇，他不受赏，不要功名利禄，不出来当官，他的高尚品德在中国历史上非常有名，甚至被称为中国文臣的代表。也就是说中国所有做官的人都非常钦佩他，他做的所有事情都是符合春秋大义的，是高风亮节的。

我们在日常生活中也有必要推掉一些不必要的应酬，推掉一些不必要做的事情，学会说不，这就是一种是自尊自重。

《千字文》当中说“推位让国”，推位不是推却帝位，而是推让。明君尧访贤的时候发现许由是个有德又有才的人物，于是想把帝位让给他，但许由没有接受。所以在这件事中，推让帝位的人是尧，推却的人是许由。

位

德不配位，必有灾殃

本义：一个人在大地上所占的位置、地位、方位

“位”字左边是单人旁，右边是“立”。“立”在甲骨文的写法中，上面是“大”，即一个顶天立地的人的样子，下边一横代表着地面，是一个指事的符号，写为。一个人站立在那里就会产生一定的体积，占据一定的位置，所以在“立”的左边加了“人”字旁，篆文写为。所以“位”的本义就是一个人在大地上所占的位置、地位、方位。

“无名有位”、“有名有位”、“有名无位”

一个人在社会上一定要有自己合适的位置。我们常说“名不正则言不顺”，“不在其位，不谋其政”。“名不正则言不顺”讲的是名；“不在其位，不谋其政”讲的是“位”。“名”“位”在古代经常连用。

掌握实权的幕后指使者，他没有人前的显“名”，但他有实际的权“位”，这叫“无名有位”。“有名有位”就是名副其实，既有头衔职务也有相应的权力地位。“有名无位”是指挂着头衔和职务，但没有实际的权力。

做人做事都不要越位：“不在其位，不谋其政”，要学会摆正自己的位置

“不在其位，不谋其政”是什么意思？就是说我如果不处在那个位置，这个位置要行使的权利和义务就和我没有关系。

我们每个人在这个社会上都有自己的名和位，都要有自己一个具体的位置，尤其是要学会摆正自己的位置。假如位置摆不正，就有可能“越位”，做出超过我们职权范围的事。就好比自己家的田都没有耕种好，就去耕种别人家的田；自己的事都没有管理好，就去管理别人的事。

足球运动中，一队的前锋在准备接一个球的时候跑到对方最后一个后卫的身后去了，这就被称为“越位”。

西方有一个社会学家叫埃里克·霍弗，他写了一本书叫《狂热分子》。他研究发现码头工人有一个特点，自己身上的大包都几乎扛不动，却特别乐于帮助别人扛大包。他正是想通过帮助别人的美德来淡化和掩饰他没有力气扛自己的大包的能力，简单来说就是用美德填补能力的不足。

为什么“德不配位，必有灾殃”

我们经常会在身边发现这样一些人，他自己的能力不足，但是却愿意去帮助别人，他正是要通过帮助别人来弱化自己能力的不足。典型的表现在于，越是没钱的人越愿意借钱给别人；越是自己本职工作干不好的人，越爱管闲事，越愿意去指手画脚，去指挥别人怎么做。《易经》中指出这些人是“德不配位”。即你的道德品质配不上你现在所在的位置。

当今的社会充斥着这样一个问题，往往是那些“德不配位”的人在主导我们的生活。这会造成什么后果呢？《易经》上说“必有灾殃”，意思是一个人的德行和他的位置不相称的话，就会有灾祸发生。

古人提出了三种“德不配位”的表现，每个人都可以反思一下：

第一种表现是“福薄而位尊”，意思是一个人福气薄而地位却很尊贵；第二种表现是“智小而谋大”，意思是一个人的能力、智慧还不够，但是欲望却很大；第三种表现是“德少而名旺”，意思是一个人在外面的名声很好，但内心却是一个寡德薄恩的人，也就是说他的道德品质配不上他的好名声。

这些表现最终必然导致一个人的毁灭。这就好比把一个人高高地送上天之后，再把梯子给抽掉，最后把他摔得粉身碎骨。所以在理解了“位”的意思后，我们每个人都要反思一下自己有没有“德不配位”的表现。

让

既可以“让”，
也可以不“让”

本义：用语言相劝，口头上达成一致

“让”的繁体字是“讓”，右半部分是襄阳的“襄”（“襄”在古音中，发“上”的音，“襄阳”会念成“上阳”）。

“襄”的甲骨文字形特别简单，是一个人头上顶着一个播种的容器。而在甲骨文到金文的演化当中，它的形态就变成了一个人在地上挖了几个洞，往洞里撒种子。后来在它的外面还加了一层衣服，加了一层衣服包裹着，所以又说是从布袋里头掏出种子播种耕地。

《说文解字》解释“襄”不是从布袋里头掏出种子播种，而是干活干热了，把衣服脱了后去播种。因此“襄”的本义就是劳作，耕地，耕种（后来为了表示劳作的意思，又在“襄”的旁边加了个提手旁，成为“攘”。现在有些方言中，把做饭叫“攘饭”，“攘饭”也是从“播种”的本义演变过来的，“攘”引申为劳作）。

有些书面用语里会用到“襄举”、“襄助”这两个词。“襄举”就是“共襄盛举”，意思是一起使劲，所以“襄”通“攘”，意思是去劳作，去干活。

知道了“襄”的本义后，再来看“让”（讓）。“让”是左边一个言字旁，右边一个“襄”，篆文写为，就是用语言去“劳作”，用语言相劝，目的是口头上达成一致。

“让”有“妥协”和“坚持”两个相反的意思

“让”的字义中有“反训”的关系，“反训”的意思是一个字既有它的本义，也有它的反义。就如“让”的字义中既有妥协，还有坚持的意思。有些文言文中提到“让责”的时候，这里的“让”就不是妥协、忍让，而是互相指责的意思。

国

爱『祖国』还是爱『国家』

本义：大的城邦

“国”字的简体字是从俗体字转化过来的，其写法就是外面是“口”，“口”里面是一个“王”，然后在“王”上加一个点。这个点是指事符号，是为了强调这个国家都是“王”的，正所谓“普天之下，莫非王土；率土之滨，莫非王臣”。

繁体的“國”字，“口”里面是个“或”字。在甲骨文的写法里，“或”（）的右半边是“戈”——一种武器、兵器；左下角有一个“口”（“口”用得最多的几个意思，一是表示嘴巴；二是表示空间，这个空间可以代指洞穴、房屋、陷阱、城邦等）。

有时候，“或”也通城郭的“郭”——城墙，城外面用土垒起来的围墙。“三里之城，七里之郭”，意思是方圆三里的小城，只有方圆七里的外城。

所以，“或”的本义就是以戈为武器保卫“城郭”。

后来“或”被强化了，用一个“口”把“或”框了起来，就是在“或”的外面又加上了一个城郭，就变成了国家的“国”。也就是说城郭变大了，城墙变长了，城中的老百姓变多了，这是从“或”到“国”的演变。

在有些“国”的写法中，还在“或”的“口”下面加了一个“王”字，写为，意思是要保卫城郭里的王，保护城郭里的最高首领。

“祖国”不是“国家”

在用“国”组词的时候，有两个意思相近的词，即“国家”和“祖国”，这两个词的意思经常被混淆。对于我们而言，祖国，就是从秦汉到唐宋明清，最后一直到中华人民共和国，这是祖国的一条历史主线。这个祖国地大物博，有勤劳的人民，也有传统文化，还有我们的基因，我们的血脉。而国家，则是指现有政权所划定的治理范围。

“家”和“国”，哪一个更重要

“国”和“家”哪一个在先，哪一个在后？有人说“家国天下”，也有人说“没有国哪有家”。“国”和“家”的地位次序，我们应该怎么看待？在战乱时期，我们要强调“国”的重要性，因为没有国哪有家，国家兴亡匹夫有责。我们首先要成为一个国民，才能够建立我们的小家。

但对于一个刚刚出生的婴儿来讲，他会先有“家”，然后才有“国”的概念，“国”是排在“家”后面的。因为婴儿首先成长在一个家庭里，然后经过后天的学习，社会环境的影响、熏陶，他才有国的概念，是从“家”出发，然后才有“国”，然后才有“天下”。

所以中国传统儒家智慧里非常强调家、国、天下这个顺序，要修身、齐家、治国、平天下，强调把“家”放在“国”的前面，没有家就没有国。所以说，战时国为先，和平时家为大。

有

『有而不知足，
失其所以有』

本义：占有食物等生活资料

“有”的甲骨文写为，本字是“又”（），在造字之初，就把“有”写成了“又”的形态。“又”的形态就像是伸开一只手握住东西一般，所以“又”也有持有东西、占有东西的意思。

后来在金文中造“有”（）字的时候，在“又”的基础上加了一个“月”（肉）字底，演化为用手拿着一块肉的样子。因为古时候肉是很重要的生活资料，手里有肉就代表这个人生活资料比较丰富，所以“有”的本义就是占有食物等生活资料。富有就是占有的食物多，吃得饱。

“欲而不知止，失其所以欲；有而不知足，失其所以有”

现在我们每个人都能吃饱，都“有”。但是“有”了之后，欲望并没有得到满足，反而越来越多，司马迁在《史记》中就富有预见性地看到了人性中这种无穷无尽的欲望。他写道：“欲而不知止，失其所以欲；有而不知足，失其所以有。”意思是当你有欲望的时候，却不知道满足，那么就会把自己的欲望也丢失了；当你拥有了一些东西的时候，却不知道克制贪欲，那么你会连你本来已经有的这个东西也丢失了。

有些东西要有，有些东西不该有

我们要懂得珍惜已有的，不能好高骛远地去追逐那些我们不应该得到、无法得到或暂时没有能力得到的东西。许慎的《说文解字》对“有”的解释是“不宜有也”。意思是非法占有的，不应该占有的，就不应该拥有。他这样的解释也是反训，即有就是不该有。

“既不应该丧失心中的欲望，也不应该实现心中的欲望”

那么，面对你已有的东西，你要珍惜，要有满足感；如果一味地想得到你还没有的东西，按照宋儒的说法，你的心就会不在自己的腔子里头，而在追逐外物上面。

西方哲学家尼采说过这样一句话：“一个人既不应该丧失你心中的欲望，也不应该实现你心中的欲望。”这句话与东方的先贤所说的有异曲同工之妙。一个人不能实现心中的欲望是因为一旦实现了，那么欲望也就没了；同时也不应该丧失心中的欲望，如果丧失了心中的欲望，就意味着活着没意思。所以人要保持一种中间状态，你既要在欲望当中，同时也要克制自己的欲望，不要满足，这样活着才会有劲，才会有希望。

“无中生有”、“有无相生”

“有”和“无”是一对反义字，同时，它也是一对哲学上的概念。老子说：“天下万物生于有，有生于无。”意思是天地万物最早是从太极中的一个点诞生并慢慢演化的，而太极的这个点又是诞生于无的。成语“无中生有”和“有无相生”说的就是这个意思。

“有无相生”的意思就是“有”和“无”是互相转化、互相生发的，所以人在拥有了之后，反而会感觉像是没有拥有一样，这是因为人们对已拥有的东西觉得习以为常，感觉和没有一样空虚。所以又要从无中生出有，要产生新的念头，新的想法。

如何去对待我们已拥有的东西，这关乎我们的人生态度，也体现了我们的人生智慧。比如说我们要珍惜每一顿饭，珍惜现在所拥有的一切，以一种陌生的眼光打量我们的周边，就会发现生活中能够产生诗意；这种灵性的诗意，就是我们最宝贵的财富，也是值得我们珍惜、拥有的东西。

虞

可以载歌载舞，
不能乐而忘忧

本义：打虎得胜后，戴着虎面具，表演打虎的歌舞

在金文中，“虞”（）字上面是“虎字头”，代表它跟老虎等动物有关。下面是“吴”。“吴”字是“娱”的本字。“吴”的古字并非“口”和“天”的组合，实际上是“口”和“天”的组合。“天”是一个人在舞蹈的样子，再加个“口”，就是边跳边唱的意思。所以“吴”是一个人边唱边跳娱乐的样子，且因为表演的人多以女性为主，所以“吴”的左边加了个“女”字旁，变成了“娱”。

所以，“虞”的本义就是戴着虎头帽子，装扮成老虎进行的一种娱乐（古人打完老虎之后，大家要载歌载舞，重新模拟、表演打老虎的状态，所以要有人装扮成老虎，戴着虎头的帽子）。像过元宵节等节日的时候，会进行舞狮、舞龙、舞老虎等庆祝胜利的娱乐活动，这些活动都称为“虞”。

“不虞之患”

有专家学者认为，“虞”是去打猎的时候，有人装扮成老虎吸引老虎的注意力，其他人从旁协助来制服和杀死老虎。所以“虞”也可能是最早人们在山林里打猎的时候，所进行的伪装。

因此“虞”除了指戴着虎头帽子娱乐之外，还引申为隐瞒的意思。除此之外，它还可以被引伸为担忧、害怕，因为老虎是让人害怕的动物。有个成语叫“不虞之患”，意思是没有预料到的祸患；因为没有预料到，所以不担心，也就没有防范。

“虞”字很有意思，既可以表示载歌载舞，乐而忘忧；也有担心、忧虑的意思。

每个英雄心里都住着一个“虞美人”

有一个词牌名叫“虞美人”，这个词牌名是从楚汉之争中的西楚霸王项羽最喜欢的一位女性“虞姬”而来的。“虞美人”这个词牌名就是为怀念虞姬而产生的。

这个典故源于楚汉之争中刘邦和项羽最后的决战——“垓下之战”。项羽当时四面楚歌，而他最喜欢的女人虞姬还跟随着他，最后自刎而死。

虞姬的名字是怎么来的呢？有几种说法，一种说法是她本身姓虞，“姬”指的是女性。另一种说法是，虞姬舞跳得很好，所以称为“虞”，而“姬”可能是她的本姓。

虞姬很有才华，容貌举世无双，后世称她为虞美人，同时她的情感也很激烈，很忠贞，所以成为后人反复描写的一个女性。而“霸王别姬”也成了一个悲壮的故事，被人们反复传唱。

西楚霸王项羽死前作有一首《垓下歌》，自叹身世：“力拔山兮气盖世，时不利兮骓不逝。骓不逝兮可奈何，虞兮虞兮奈若何！”这个“虞”指的就是虞姬。

陶

做人和制陶一样，都要光芒内敛、底蕴深厚

本义：一个人从高山上取土做一个“缶”——酒器

在金文的写法中，“陶”（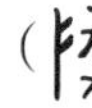）就是两个陶匠用脚在踩泥巴，并且还有泥浆溅出来。后来在篆文里，“陶”（）又加了一个左耳旁——“阜”（），是高坡的意思，即山包。可以解释为陶匠从高山取土，然后加工它，就是制陶。篆文的写法中，还保留了“人”（）的形态，但是这个人不是在用脚踩泥巴，而是两手抱着泥巴在做器皿，写出来的字形就是“缶”（）。

所以“陶”字的本义，就是一个人从高山上取土，然后做成一个“缶”。

“陶冶情操”

我们常说“陶冶情操”。这里的“陶”指的是把无用的土变成有用的器具。而“冶”就是冶炼，指的是把金属变成日常生活中需要用的器物。炼钢、炼铁、制陶，都叫陶冶。

什么是陶冶情操？意思就是要让我们像这些原材料一样，通过冶炼，使平庸的我们慢慢拥有高尚的情操和闪闪发光的品性，让我们变得完美，变成一个一个珍贵的、举世无双的宝贝。

是陶还是瓷，取决于原材料和温度

我几乎每年都会去一趟景德镇，去看那些制陶的艺术家怎么在车间里头画瓷、拉胚，烧制成一个陶器或者瓷器。

烧制陶瓷最重要的是要控制温度。一般来讲，当温度达到1200℃以上，泥胚就会瓷化，因此烧制陶器的温度要控制在800℃到1200℃之间，这就是陶和瓷的区别。当然，陶和瓷的原材料也不一样，瓷器中需要有一些石英等矿物质，而陶器就不需要。且烧制陶、瓷对氧气有要求，不同的含氧量和温度会使它的釉色发生一些变化，即窑变，每一窑都有窑变。

“陶”的另一个读音读作“yáo”

“陶”的另一个读音读作“yáo”，是因为“陶”和“窑”之间有通假关系。所以平遥古城以前叫“古陶”，后来叫“平陶”，现在又叫“平遥”。在三皇五帝时期，平遥的制陶业特别发达，所以这个地方的人都以陶为姓。

他们的后代中有个著名的人物，叫陶渊明。陶渊明是一个隐士，字“潜”，“潜”就有潜隐的意思，后来他真的就去隐居了。因此很多人都觉得陶渊明的品质就像古代的这些陶瓷一样朴素，古拙。虽朴素，但同时又具有很深厚的底蕴，有一种光芒内敛的感觉。这也是艺术家在制作陶瓷的时候追求的一种境界。

唐

功不唐捐

本义：一个人用木桶在池塘里打水

“唐”通“塘”。最初在甲骨文中“唐”()的写法就是一个倒写的“人”拿着一个“用”(也就是桶，“用”和“桶”最早也是一个字)在池塘里打水。

后来“唐”字经过篆书()、隶书()的演变，逐渐变化成了现在的样子。这中间的变化有的时候是误写，有的时候原因比较复杂，但不管怎样，其最初造字的形态是一个人用木桶在池塘里打水，因此它的本义就有水塘、池塘的意思。

“唐唐之言”、“荒唐之言”、“唐突”

池塘一般都还是有点大的，所以这个“唐”还有大的意思。比如说“唐唐之言”，意思是虚妄的、不着边际的话。这里面“唐”有大的意思，也有夸大的意思。话语一夸张，就变成了荒唐。

《庄子·天下篇》中说自己很多话都是“荒唐之言”。什么意思呢？就是说这些话大而无当。这既可以看成庄子的自嘲和自谦，也是对世人怎么评价自己的一个判断。《庄了》是很超绝的一部经典，它寓意深刻，不是寻常人能够透彻把握的，所以才会被看成是荒唐之言，“无端崖之辞”。

“功不唐捐”：一点一点地做事，终会有效果

“唐之为言荡荡也”，王充在《论衡》当中也这么说。意思是言论口气非常大，大而无当，大而无物，很空洞。这又引申出“唐”的一个不太常用的意思，就是“空”、“徒劳”。比如胡适曾说“功不唐捐”，意思是你所做的工作，花费的功夫，不是无用的，一点一点地做事情，终会有它的效果，不要总担心或者抱怨自己又白忙了一场。今天弄懂一个字，明天又弄懂一个字，都是有用的。

『推位让国，有虞陶唐』

总释

在中国的远古社会中，君主之间权位的更替实行的是禅让制，即我觉得在治理国家上你比我更好，能够接我的位子，那么我就禅让给你，这就叫“推位让国”。

中国几千年来，人们一直认为三皇五帝时代是政治最清明的时期，人们道德水平很高，寿命也很长，有一点理想国的色彩。也可以认为它是一个原始共产主义社会，政治很清明，百姓很安乐。

但实际上远古社会时期洪水很多，猛兽很多，食物很少，人们普遍饥寒交迫。但是儒家学派却把那个时期构建成政治理想国，认为那个时候环境虽然很恶劣，但是人心向善。所以后来我们所说的大同世界、理想国、乌托邦都把上古时期的制度神圣化了，认为最好的制度就是推位让国，国君自愿让出自己的位子和权力给更合适的人，这都是上古流传下来的传说和想像。

“有虞陶唐”是什么意思呢？“推位让国”这样的制度有两个典型的代表，一个是有虞氏，一个是陶唐氏。有虞氏指的是舜，后人也叫他“虞舜”。陶唐氏指的是尧，后人也叫他“唐尧”。尧把自己首领的位置传给了舜，舜后来又把这个位置传给了大禹，尧、舜、禹是中国历史上三个非常贤能的君王。这就是“推位让国，有虞陶唐”一句的含义。

拾叁

CHAPTER 13

『吊民伐罪，周发殷汤』

“吊民伐罪，周发殷汤”，讲述的是中国历史上两次重大的王朝更迭，商汤灭夏和武王伐纣。这两次王朝更迭打破了国王永定的传统，开启了暴力革命推翻统治的先河，史称“汤武革命”。

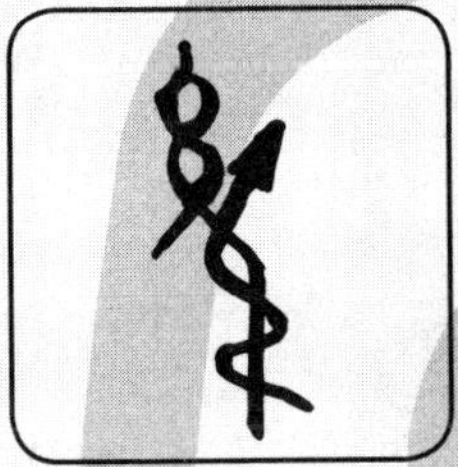

吊 · 284

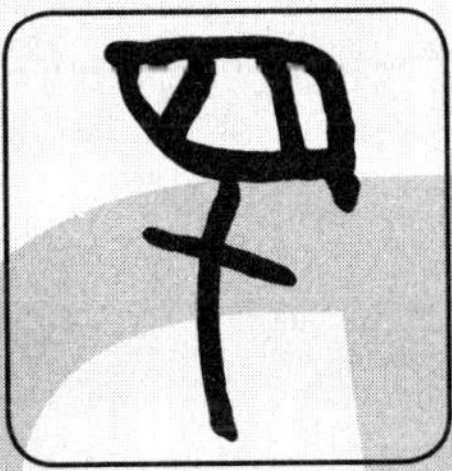

民 · 286

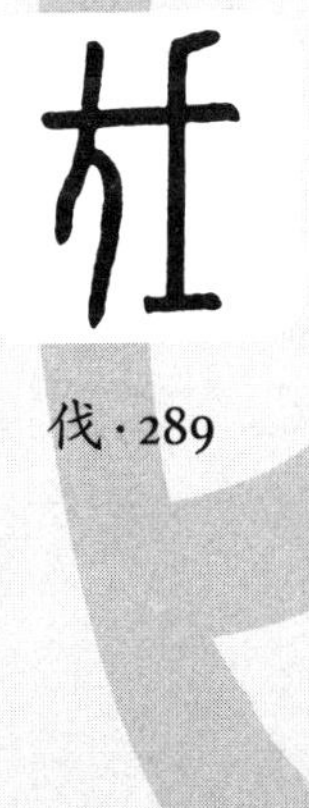

伐 · 289

罪 · 292

周 · 295

发 · 298

般 · 300

汤 · 302

吊

古时候一种残酷的刑罚

本义：绞死身上绑着绳索的人

“吊”字在甲骨文中的写法和现在简体字的写法不一样。“吊”的简体字上面是“口”代表头，下面的“巾”代表丝巾、绳索，所以现在“吊”的意思是绳索把头缠住了，很形象地表现了一个人上吊的样子。

“吊”字是楷书之后出现的俗体字，它的正体字是“弔”。它在甲骨文中的写法为，像一个人被绳子捆成了弓箭的“弓”的形状。这在古代是一种刑罚，即要绞死身上绑着绳索的人，这是“吊”的本义。

“吊死”、“吊起来”、“吊丧”、“凭吊”

“吊”有三层含义：第一层含义指的是绞刑，被绞死的可能是奴隶，也可能是犯罪的人。在远古时期，人们认为是有神存在的，人和人之间也是不平等的。祭天的时候需要祭品来供奉上天，祭品有时用动物，有时用人，所以祭天的时候会处死一些奴隶作祭品用。另外，一些贵族、君主希望在死后也能够享受荣华富贵，所以他们往往会把自己生前最宠爱的人带到墓葬中去，这些观念造成了许多人间悲剧。

“吊”的第二层含义是悬挂，即用一根绳子把什么东西“吊起来”。

“吊”的第三层含义是悼念。比如我们要去参加葬礼，就称之为“吊丧”；在名人古迹前怀古，就称之为“凭吊”。《说文解字》说：“弔，问终也。古之葬者，厚衣之以薪。从人持弓，会驱禽。”

意思是古时候一个人临死前他的亲友要去问终，跟他见最后一面。而安葬一个人之前必须先给他穿上衣服，然后把他放在木头里，防止野兽啃食。守护棺木和参加葬礼的人要带着弓箭驱逐野兽。所以说“吊”（弔）“从弓从人”，也解释得通。

民

你是『民』还是『公民』

本义：把人的眼睛刺瞎，使他变为奴隶

公民的“民”在古代是一种不太好的称呼，有下贱、低贱的意味，即贱民。什么样的人被称为“民”呢？那些战俘、奴隶等被打败，变成可以被支配、没有自身权利、像物品一样被贵族所拥有的人，就是“民”。

在甲骨文的写法中，“民”上面是“目”，表示眼睛；下面是个十字一样的弋，所以“民”（）的字形有点像用手拿着利器去刺眼睛的样子。

专家考证，这意味着“民”最初的含义就是把战俘的眼睛刺瞎，惩罚、标记、阻止他逃跑，把他变成奴隶，从而让他丧失人身自由权利。

在古代，“民”是低人一等的人

中国古代有很多残害人身体的刑罚，比较轻的是“刺配”——在犯人脸上刺字；还有把犯人的鼻子割掉、把眼睛挖掉等刑罚，总之其目的是要把这个人变得低人一等。可见“民”在古代是非常低贱的，是一个下等人的称呼。

古代的统治者为了争夺地盘，抢夺资源，往往通过战争的手段来打败敌人，从而获得更多的生产资料和人力资源（战俘）。

驱使战俘去耕种、开垦，他们就变成了最早意义上的农民。所谓农民，就是耕种的奴隶。还有一些有特殊才能的战俘会变成最早意义上的工匠。比如有的人会织布，有的人会打铁，有的人会制造玉器，有的人会制造青铜器，有的人会烧陶，有的人会建筑……，把这些人集合起来，就成了中国最早的“百工”。

在不停的战乱过程中，更多的人变成了俘虏和奴隶，小集团慢慢形成大一点的集团，进而形成更大的城邦社会。人们有了稳定的居住地以后，里面的统治者是少数人，广大的“民”即被统治者是多数人。

“平民”、“房奴”

后来“民”的称呼演变为“平民”。“平民”就是没有多少社会资源和社会地位，要靠自己的身体劳动养家糊口的人。他们要付出自己的时间和精力，且人身不自由。“平民”必须每天上班工作，因为他们如果不工作不干活，就可能没有收入，也就没有了生活下去的资源。

现在，城市里的很多白领被称为“月光族”，因为他们每个月挣的钱刚刚够花，除此之外没有任何社会资源。要不停地用自己的身体劳动再去赚取更多的钱。另外，还有些人被称为“房奴”，因为他们被房屋捆绑了，不敢失业，那么实际上他们的地位也相当于古代的“民”。

当“民”变成“公民”

后来“民”字的写法发生了变化，金文中把甲骨文“目”中间的瞳仁去掉了，变成了一个空空的形状，更加形象地表现出古代的“民”（），即由战俘变成的奴隶是无瞳的瞎子。所以“民”在古代反映了人和人之间的压迫和剥削。

再后来，从“民”这个概念发展出“人民”的概念，这是一个抽象概念。现在我们常说“为人民服务”或者“人民当家作主”，是因为我们意识到“民”的人数最多，团结起来力量也会变得最强大，就不再是可以随意被控制和剥削的下等人。西方有“公民”的概念，即人和人之间的地位是平等的，且具有相同的权利、责任和义务。

最后“民”字的本义消失了，不再指代奴隶和战俘，而指代广大的老百姓的时候，其本义就用流氓的“氓”字来表示了。“氓”是在“民”的左边加上“亡”，表示战俘和奴隶；而“民”的意思变成了公民，变成了社会的一分子。所以从“民”字我们可以看出历史的进步和社会的发展。

伐

『上兵伐谋，其次伐交，其次伐兵，其下攻城』

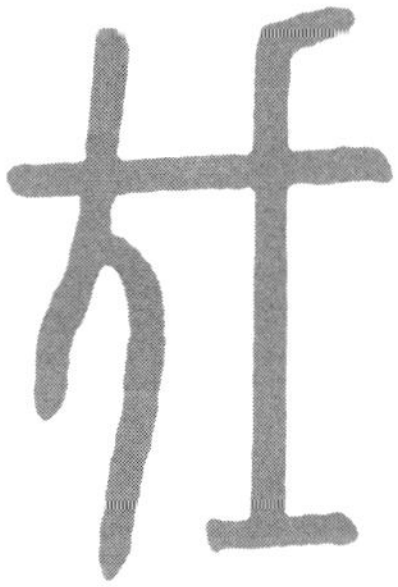

本义：打仗

“伐”字从甲骨文到简化字字形区别并不大，在甲骨文中，“伐”（）字左边是“人”形，代表人的意思；右边是“戈”形，代表兵器。“伐”字既可以解释为一个人扛着戈去打仗，也可以解释为用“戈”去打“人”。不管怎么讲，它都和战争有关。

所以，“伐”字的本义是打仗。

“口诛笔伐”

《说文解字》说：“伐，击也。”《广雅》说：“伐，杀也。”所以打击砍杀都可称为“伐”。我们常说“口诛笔伐”。“口诛”是互相用言语谩骂，“笔伐”是打笔仗。

“砍伐”、“伐薪烧炭南山中”

“伐”除了打仗的含义外，还有砍伐的意思。比如伐木。白居易的《卖炭翁》里有“伐薪烧炭南山中”，“伐薪”就是砍柴的意思。

“伐”的最终目的是为了“不伐”

“伐”的最高手段是什么？“上兵伐谋，其次伐交，其次伐兵，其下攻城。”

“伐”最终目的是什么？是为了“不伐”。《孙子兵法》中说：“不战而屈人之兵”，意思是不通过战争而把对方降服。当我们有运用武力的能力而不去用时，就意味着和平。真正的和平是什么？是我明明可以打赢你，但我不去打，这才能赢得和平，赢得道义，赢得世人的尊敬，这就是“不伐”，是上兵伐谋。

“军阀”、“财阀”

军阀的“阀”什么意思？外面是一个门，里面是一个“伐”，就是那些喜欢打仗，拥有兵权，拥有很多队伍，然后又各自为政的人。春秋战国时期，春秋五霸、战国七雄，事实上都是军阀，每个都有自己的武装力量，互相打，互相兼并，有点像现在的公司，吃来吃去，大鱼吃小鱼。

其实，古代的军阀和今天的资本主义企业家是差不多的，他们要兼并，把自己变强大，要合纵连横，这都是“伐”。

所以“伐”不仅仅指单纯的战争，也可能是这个时代的金融战争。所以有一本书很流行叫《货币战争》，就是讲如何通过金融的手段来进行一场战争，从而达到自己的目的，让自己的国力更强盛。

人是生来就不完美吗

罪

本义：捕鱼的网，逮捕罪犯

在篆文的写法里，“罪”（）上面是“罒”（“罒”凡是出现在一个字的上半部分，意味着它是作为这个字的部首出现的，它指的是网状的东西，即网罗、渔网等）——有格子的网，而且这个网还把下面的部首“非”包住了。

“罪”字从篆书向隶书过渡的时候，这个网子才逐渐收上去，且网格简化了，变成了现在看到的“罒”。

“罪”字上半部分的结构是网子，就意味着它的意思和打捞、抓捕有关。

《说文解字》说“罪”是“捕魚竹网，从网、非”。

“罪”下面是“非”字，“非”是声旁，同时它还有形旁的意义，所以“罪”用的是“非”的音，同时又用了“非”的意。

“非”的本义是什么？是两个人背靠背坐着，两个人头上各顶了一个指示符号“一”，表明两个人观念互相冲突，思想互相背离，行为互相排斥。“非”是“排”的本字，意思是排斥。它也可以指那些和社会主流相违背、相排斥的人，即违法的人。

所以“罪”有两个含义：一是捕鱼的网，二是逮捕罪犯。

罪：酷刑

“罪”有一个合并字，现在用的特别少，这个字就是“辠”。上面是“自”，指自己的鼻子；下面是“辛”，指的是武器，在这里是刑具的意思，

所以“辠”字指的是一种割鼻子的酷刑。“罪”和“辠”合并了之后，“罪”就有了引申义，即酷刑。

原罪是不是罪

在西方的《圣经》中，讲每个人生下来都是有原罪的。为什么人有原罪？因为人类的祖先亚当和夏娃在伊甸园里吃了带有诱惑意义的禁果之后，就意味着人有了原罪。原罪是什么？原罪指的是人与生俱来的罪过，也可以说是与生俱来的不完满。

现在的专家考证认为，《圣经》中的“罪”本来的含义在翻译过来之后发生了变化，我们认为“罪”或者“原罪”是罪过的意思，但是在《圣经》中的本义是指没有达到目标，引申为不完美。所以

“罪”也可以理解为：人生下来之后，就处在一种不完美的状态中。所谓的原罪，不是说每个人生来就很邪恶，而是说每个人都是不完美的。

“原罪”的概念和中国儒家思想中的“复性”论相近——人的天性都是完美的，处于道德完善、自我圆满的状态。但人的后天都是不完美的，要达到完善、完美的状态，我们就必须修身养性，让天性回到圆满中和的状态。所以“人之初，性本善”中的“善”不是“善恶”的善，而是“完善”的善。

《七宗罪》里列了人的七种不完美状态：贪吃、懒惰、贪婪、淫欲、傲慢、嫉妒、愤怒。它和佛教中说的“贪、嗔、痴、慢、疑”相近。贪吃和贪婪都属于贪；傲慢属于慢；嫉妒和愤怒属于嗔；淫欲指的也是贪，因为淫欲是指过分追求性方面的欲望，也是贪婪的一种表现；懒惰属于慢。所以我们要时刻警醒，自己身上是不是有这些问题。

周

『周转』『周旋』是一门大智慧

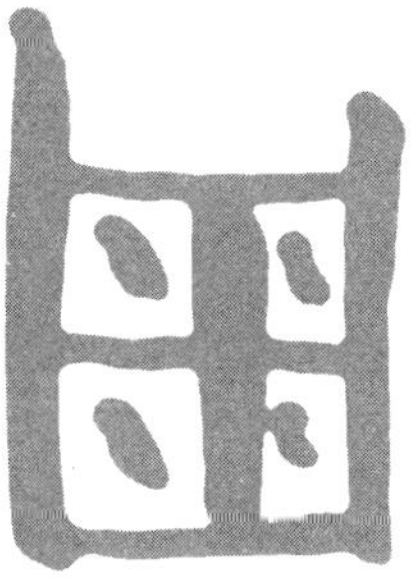

本义：封地而建，划界而种的围墙

中国古代有夏、商、周三朝，历史学家认为，夏朝是中国农业的开端，商朝是中国贸易的开端，而周朝是中国封建制度的开端。

孔子说："久矣吾不复梦见周公。"意思是"我好久没有梦到周公了"。周公是周朝的开国君王周文王，人们认为他是一个贤明的君主。中国的许多文化传统就是从周朝传到孔子，然后再传到后世王朝的，因此周是一个很重要的朝代。

"周"还是中国的第五大姓氏，它主要来源于姬姓。秦一统天下之后，很多周朝的贵族就以"周"为姓。

在甲骨文中，"周"（）字是"田"中长了很茂密的农作物的样子。所以"周"最早的含义是封地而建、划界而种的围墙。最早，"周"字没有下面的"口"，后来为了表示田地间有围墙，就专门加了

“口”，强调圈地而种。

“周围”、“周密”

后来“周”引申为两层含义：一是周围，即把田中茂密的农作物围起来；二是周密，即田地中种的农作物密密麻麻的，密不透风。

“周转”、“周旋”、“周流不息”

“周”加了一个足字底就是“週”。“週”是什么意思？指绕行一圈、一周的意思，现在这个字和“周”合并了。

我们常说一个星期是一周，严格意义上讲，“一周”应该写作“一週”，因为一个星期七天是反复循环的。为什么把一周分成七天？因为在天上有七颗星对应着一周的每一天，它们分别是太阳、月亮、金星、木星、水星、火星、土星。周一到周日每一天都有一颗守护星，比如星期天对应着太阳，星期六对应着土星，依次循环，这是西方的历法。

所以有时候“周”也作动词，比如“周转”、“周旋”、“周流不息”，通常指循环往复的运动。

不周山，无边无际的大山

中国古代有“不周山”的神话。“不周山”是什么意思呢？“不”

是否定的意思，“周”就是四周、周围。“不周山”指的是无边无际的大山。不周山有可能就是我们的整个大陆，还有人说不周山指的是帕米尔高原。

关于不周山有个神话传说——共工怒触不周山。说是共工要治水，另外一个神不让他治，结果发生了权力冲突。怎么办？共工一怒之下把不周山给撞断了，结果西北地势变高，东南地势变低，所以从此水就从西北向东南流。

发

好雨知时节，当春乃发生

“髮”的本义：动物和人头上的毛发

“发”字是个多音字，头发的“发”念“fà”，发展的“发”念“fā”。

它还是个合并字，古时候，发展的“發”和头发的“髮”写法不同，后来合并了。

头发的“发”，繁体字的写法为“髮”，上面是“髟”，是人或动物头上长长的毛发；下面是“犮”，是狗的意思。

“髮”在金文中的写法为，就是一只犬加一个人的头部（首）的样子。

简体字的“发”是从繁体的“髮”的草书演变来的。现在的“发”，和“友”的写法相近。所以“发”和动物有关，本义为动物和人头上的毛发。

“發”的本义：助跑投枪、发出、发射

发展的“发”的繁体字是“發”。这个“發”在麻将中经常可以看到。

在甲骨文的写法中，“發”（）上面是两个脚趾，下面是一个人手持标枪的样子，表示助跑投枪。

金文中，“發”（）在原有的基础上又增加了“弓”，即弓箭。《说文解字》的解释为：“发，射发也。”所以“發”也有发射的意思。

“髮”和“發”的区分：“结髮夫妻”、“發麵”、“好雨知时节，当春乃發生”

“发”是“fà”（髮）和“fā”（發）的结合，我们说“发面”的时候，如果用繁体字，就要写成“發麵”。再如“结发夫妻”，这是指夫妻两个很恩爱，把头发都编织在一块儿，你中有我，我中有你，所以写成繁体就得用“髮”。

杜甫诗句“好雨知时节，当春乃发生”，此句里的“发”如果用繁体字，就写成是“發”，表示生命的力量在涌动。

殷

为什么献殷勤

本义：为怀孕的母亲演奏音乐，安神保胎

公元前四世纪到公元前十一世纪，商迁都于“殷”，所以称为殷商。“殷”在河南安阳，也是现在著名的“殷墟”的所在地。

“殷”左边是“㐆”，“反身”——反过来写的“身”，像一个人怀孕的样子；右边是“殳”，“殳”字的甲骨文写法，是一只手拿着一件敲击乐器演奏音乐的样子。所以“殷”（）的本义是为怀孕的人演奏音乐，安神保胎。

在古代宫廷，贵族经常会在女性怀孕期间，给她听一些节奏舒缓的音乐，以使她心情愉悦。这可以说是中国最古老的胎教，也是重视优生优育的一种体现。

“家境殷（yīn）实”、“雷声殷殷（yǐn）”、“殷（yān）红”

“殷”后来引申为盛大、多、深的意思。我们常说“家境殷实”，表示很富裕。又比如我们在形容雷声很大的时候，就会说“雷声殷殷”，在这里，“殷”念“yǐn”。

有时候我们形容红色非常深，甚至带着一点黑的颜色，就叫它“殷红”，在这里，“殷”念“yān”。

汤

能赴汤蹈火的
才是真朋友

本义：温泉

繁体的“汤”写作“湯”，左边的三点水（氵）指水；右边的“昜”是“阳”（陽）的本字。

理解“汤”，关键在于理解“昜”。在甲骨文中，“昜”（）的写法很简单，上面是日，指太阳；下面是丅，表示向下的方向。所以“昜”的本义是太阳向下照射。

但是到了金文中，“昜”（）的下半部分变复杂了，变成了一个半包围结构（），里面还加了三撇（）。意思同样是指太阳照射，但不再表示方向，而是表示阳光照射产生的阴影。

所以“汤”（）就是被太阳照射得很温暖的水。自然环境中什么水比较温暖呢？是温泉。所以“汤”的本义是温泉。

“赴汤蹈火”、“见善如不及，见恶如探汤”、“泡汤了”、“落汤鸡”、“浩浩汤汤（shāng），横无际涯”

有意思的是，随着时代在变，“汤”所表示的温度也越来越高了。比如，我们常说好朋友之间彼此能为之“赴汤蹈火”，“汤”和“火”对仗，由此可以看出“汤”的温度很高，像火一样热。

孔子说：“见善如不及，见恶如探汤。”“探汤”可不是叫你去找汤喝，而是把手伸到开水里，那种感觉一定很不好受，会让你避之唯恐不及。

“汤”字在演变的过程中，不止有温度变高的意思，也有忽略温度的意思。比如我们经常会说一个事情“泡汤了”，指这个事不成了。我们还常说“落汤鸡”，指人浑身湿透，像泡在汤中一样。这些都是“汤”的引申义。

“汤”另外一个读音是“shāng”，范仲淹的《岳阳楼记》中有“浩浩汤汤，横无际涯”，描写的是洞庭湖水势很大。

中国历史上第一个用武力夺取政权的人——“汤”

“汤”在《千字文》中指的是商朝的开国君主成汤，由于他开辟了商朝，所以又叫商汤。“尧舜禹汤”都是贤明的君主，有德之人。“汤”的美德是宽容，传说他让农人捕鸟的时候要网开三面，只留一面，以显上天有好生之德。但他没料到的是，自己的后代商纣王却是暴君的典型。人们一提到残暴，就会想到“桀纣”，而桀是“汤”努力了大半辈子才推翻的。

“汤”这个人在历史上很重要，他不仅建立了商朝，还是中国历史上第一个武力夺取政权的人。商革夏命，周革商命，都是用暴力推翻之前的政权，而在他之前，都是以禅让制来传承王位。

总释

『吊民伐罪，周发殷汤』

这是讲上古夏、商、周时期，历史上两个很重要的帝王，一个是周武王姬发，一个是商王成汤。他们能够对内安抚百姓，对外讨伐暴君。其中，商汤王推翻了夏朝，打败了暴君桀，建立了商朝；周武王推翻了商，打败了暴君纣，建立了周朝。

这两次王朝更迭在历史上意义重大，打破了国王永定的传统，开启了以暴力革命推翻专制统治的先河，史称“汤武革命”。史学家认为，中国历代王朝更迭，皆自此而来。一般而言，造反者会讴歌“汤武革命”，等屁股把江山坐稳了，就开始禁止宣扬“汤武革命”。这是历史的“厚黑学”。

拾肆

CHAPTER 14

『坐朝问道，垂拱平章』

“坐朝问道，垂拱平章。”这句话描绘的是一幅太平盛世的景象。“坐朝问道”，是君臣上朝坐下来共商国是；“垂拱平章”，是君主坐朝临政，垂衣拱手，无为而治，天下太平。

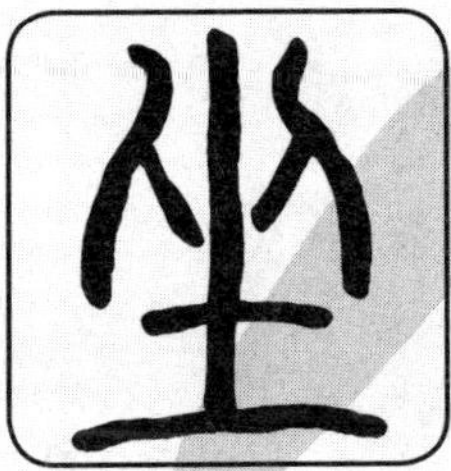

坐

席不正不坐

本义：两人对面而坐

在篆书的写法中，“坐”（）就像两个人对面而坐，且有曲身、谦让的样子。

“坐”字的写法经历了很多变化，下面“土”的写法一直没变，变的是上面的小人，有时变成“口”，有时又变成“厶”，这些都是坐的异体字，现在有些人写书法时还这样写。

所以，“坐”的本义是两人对面而坐。

“坐叛”、“坐脏”、“连坐”

“坐”这个字有让人舒坦的一面，也有残酷的一面。“坐”还有“被定罪”的意思，“坐叛”就是定罪为叛乱，“坐脏”就是被定罪为贪污。

更恐怖的是“连坐”，一人被定罪，周围人全跟着受罚。这个办法最早是在军队里用的，因为怕出现逃跑、怯战的问题，就把几个哥们儿编为一个组，事先说好，其中有人敢逃跑，其他几个人也按逃跑论罪。这下好了，讲同胞之情的人觉得，自己跑，让兄弟背黑锅，不行；爱惜自己的人想，谁要是跑，黑锅就得我背，弄死他也不能让他跑。

后来商鞅把这种办法推广到社会层面，定名“连坐”，一人犯法，株连家人，甚至邻居，于是秦国的社会秩序在这种高压政策之下，看起来稳定得不得了。但是商鞅这个人刻薄寡恩，对人太过严酷，不够宽和，结果秦孝公死后，他被车裂，全家被杀。

“停车坐爱枫林晚”的“坐”指原因

“坐”字作连词用，指原因。杜牧那句著名的“停车坐爱枫林晚”，就是说，停下来不走，是因为傍晚的枫林太美了，忍不住要停下来看一会儿。

小到家庭聚餐，大到江湖官场，“坐”都有规矩

在古代，立行坐卧都有一套严格的礼节，不但要坐有坐样，连安排坐的顺序、位置都要有尊卑长幼的区别。孔子说：“席不正不坐。”坐也要有礼节，有坐的样子。同样，坐也要有尊卑长幼的区别，连梁山都要排座次，当大哥就要坐头把交椅。

现在有些农村还保留着很多规矩，吃饭时辈分最长的一定要坐北朝南；有的地方左首为大，右首为次。其他人按序往下排，最年轻、辈分最低的，坐门口。有客人来，都是使劲往里让，自己坐靠门口的位置，表示尊敬。官场中的人，要是有个饭局，那就更复杂了。

人生如朝露

朝

本义：残月当空照，红日冉冉升起的早晨

从“朝”字的甲骨文写法可以看出，它的右半部分是一轮残月挂在天空中，左半部分是一个隐没在草丛中还未升起的太阳。

所以“朝”的本义是残月当空照，红日冉冉升起的早晨。

后来在金文中“朝”字的写法发生了一些变化，写为，右半部分的月亮用“川”字来代替，“川”表示的是水。其实“朝”字是潮水的“潮”的本字，潮水是跟着月亮升起和落下而涨潮退潮的，所以“朝”字的右半部分用“川”代替了“月”。

现在我们在“朝”的左边加了三点水成了“潮”，以专门表示潮水。

初期、最初

后来“朝”引申为初期、最初的意思，因为早晨是一天中最初的时间段。《洪范五行传》中说，“平旦至食时为日之朝”，“上旬为月之朝”，“自正月尽四月为岁之朝”。意思是从早晨起床到吃早饭的这段时间是一天的开始；每个月的上旬是这一个月的开始；从正月到四月，也就是春天，为一年的开始。

“早朝”、“朝廷”、“朝野”

“朝”还有另外一个读音念“cháo”。古代，臣子要每天按时到朝廷觐见君王，奏事议政，所以要上朝。因为是在早辰开会，所以也叫“早朝”，而开会的地方就叫“朝廷”。和朝廷相对应的是江湖，两者统称为“朝野”，“朝野”指的就是庙堂和江湖。

要活就活得朝气蓬勃

我们常说，“一日之计在于晨，一年之计在于春”，意思是要重视每一天的开始和每一年的开始。时间有“日之朝”、“年之朝”，人也有“人之朝”。“人之朝”就是一个人生命阶段的开始，即一个人的少年时代。

毛泽东说青少年是“早晨八九点钟的太阳”，二十岁以前的青少年都是朝气蓬勃的，具有健康向上的精神，因为他们处在人生的春天。二十岁到四十岁是人生的夏天，四十岁到六十岁是人生的秋天，六十岁到八十岁是人生的冬天。人生如日，它有早晨、中午、黄昏、夜晚之分；人生如年，春夏秋冬，急景匆匆，生灭一瞬间。

问

『以能问于不能，以多问于寡』

本义：请教别人或审问

“问”字的本义有两种解释；一种解释是有问题找人请教，要去别人家敲门，所以有门有口；另一种解释是门内的空间是个审讯室，所以问的本义是审问。

“问”（問）字甲骨文写为，可以看出从甲骨文到现在的写法，只是把门字简化了。“门”字既是声旁，又有表意的功能。你要问路，或者求学问，都得敲开人家的门，人家不开，就要等，所以有“程门立雪”的典故（杨时与同学游酢在下雪天去拜访大学问家程颐，结果程颐在睡觉。他们在雪地里等到程颐醒来，等到积雪近一尺），表现的是有志于学问的人所表现出来的决心和对师长的恭敬。

“问”的意思很简单，都是张嘴问话，但表达的内涵却非常丰富。比如说问责、问罪表示追究、责备。反过来，嘘寒问暖，就表示关心了。

同样是请教问题，也可以分两个方面：有上级向下级的询问，这是要了解情况的问。学生向老师问问题，就是以下问上了。

成为君子，要做哪些功课

《中庸》里有很重要的一段话："故君子尊德性而道问学，致广大而尽精微，极高明而道中庸，温故而知新，敦厚以崇礼。"这段话是对"君子"所提出的要求，或者说衡量标准。怎么才算是君子？他要做的功课有哪些？

首先"君子"要重视心性和道德的陶冶，积极地追求学问；既要有广阔的认知范围，又不会浮皮潦草；既有超群的见识，又能不悖于伦常，不做出格的事；能掌握旧的知识，又不排斥新知识；既朴实忠厚，又谙熟礼节。能做到这样，就趋近于一位君子了。

做人最怕"师心自用"，宜"不耻下问"

若真心求学问，就要喜欢问问题，善于问问题。孔子就很赞扬"不耻下问"的品质，不会觉得自己懂得多，就不好意思问别人了。《论语》当中有很多段落，不是学生在问孔子，而是孔子在问学生。传说他还跑很远向老子求教过。

为人最怕"师心自用"，就是总觉得自己最高明，这是很不明智的。我国历史上有两个天资过人的皇帝，一个商纣王，一个隋炀帝，公认的聪明，但都丢了社稷，就是太把自己的聪明当回事了。

所以孔子道:“以能问于不能，以多问于寡。”就是说哪怕你在某方面已经很专业了，也应该虚心向尚不专业的人求教。“谦受益，满招损”，“三个臭皮匠，顶个诸葛亮”，说的都是民间的道理。有个成语叫“集思广益”，现在的说法叫“头脑风暴”，都是指以他人想法佐证自己思路。孔子那么大的学问家，还说“三人行，必有我师”。

一个人再聪明，不可能什么都知道，所以还是要善问。博学善问，明辨慎思，说不定你也能成为一代宗师叶问。

道

『人心惟危，道心惟微』

本义：一个人在十字路口引导别人，做向导

最早的“道”字是在金文里发现的，写为，它的上半部分左右两边分别有个，像个十字路口；中间的像一只眼睛，下面一个像是一只脚在走路。

所以，“道”的本义就是指一个人在十字路口引导别人，做向导（因此，“道”是导的本字，后来“道”被用来指道路和道理；为了表达指导、向导的意思，又专门造了“導”字）。

“学问之道”、“生财之道”、“为政之道”

谈中国文化，总要扯到“道”上。“道”非道家所独有，儒家、佛家都讲道，只是内涵不同，有各自的宇宙观和道德观。“道”可以指道理，还可以指方法，比如学问之道、生财之道、为政之道，指的就是原则、方法。

《尚书》中“人心惟危，道心惟微”一句，可谓儒学真言。意思是人常处各种危险、危机之中，因而应时时忧惧，战战兢兢，如履薄冰。所以《易经》要我们“终日乾乾”，意思是人要保持戒慎恐惧的状态，不可怠惰，事事留心，处处防范。

所谓“防”不仅要防人，更要防己，否则一不小心，可能脚底下的冰就裂了。每天做了什么事，做得对不对，好不好；接下来可能会有什么事，怎么做，自己有没有走在正道上？这些问题是要一直挂在心上的。这就是儒家提倡的“有为”，儒家的生命之道。“有为”不是一定要人轰轰烈烈，而是告诫人要勤谨自持。

为什么会“人心惟危”呢？是因为“道心惟微”。天道是幽微的，绝不会大剌剌摆在人面前，让人体察探索，所以若想让自己的心和天地之心合契，实属不易。

“率性之谓道”

《中庸》里说“率性之谓道”。所谓“率性”并不是随意，如没能求得本心，察明天命，就不可能率性，因此句前面还有一句“天命之谓性”。

老子说：“道可道，非常道。”大道非常玄妙，难以言传；可以言传的，都不是终极之道。所以老子叫人“绝圣去智”，不要穷究。穷究所得，就成了混沌凿开七窍，只能是死道。凡是人，都有求道、求真理的欲望，但应当知道节制这种欲望，这样反倒可以与天地精神相往来。

无论儒家还是道家，其道都不简单，也都是大道。有心此道的话，可以去读各家的经典。

垂

有多少人能够名垂千古

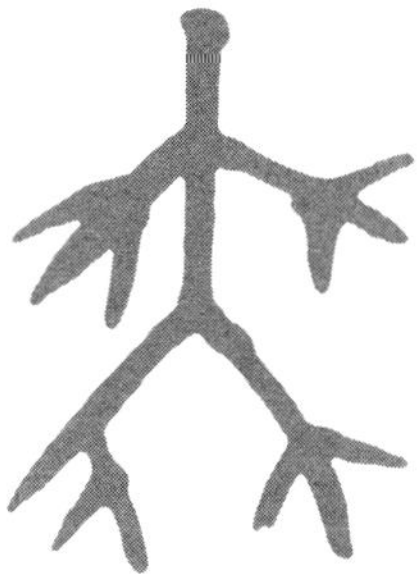

本义：树枝因硕果累累而坠向地面

在甲骨文中，“垂”（）的写法非常形象，它像垂杨柳一样，树枝从四面八方垂向地面。后来在演化过程中，在字的最下面加了一个圆圈，代表果子、果实，像是果实沉甸甸地垂下来，写为。

所以“垂”的本义是树枝因硕果累累而坠向地面。后来在篆文中又用“土”替代了果实，表明树枝垂向地面，写为。

“边陲”、“疆垂不丧”、“下垂”、“垂挂”、“垂怜”、“垂爱”、“垂青”

树枝低垂，向地面伸展，会形成一定的覆盖面积，所以“垂”有“边陲”的意味，引申为边疆、边际。后来“垂”字的左边加了个耳朵旁，代表边陲。楷书中“垂”有一个变体字的写法，即把下面的“土”写成了“山”字，也代表树枝垂向地面的意思。后来“垂”（）字继续演变，下面的“土”又被讹写成了“士”，且将错就错地沿用下来。

《说文解字》说：“垂，远边也。”即“垂”的意思是靠近边缘的地带，比较远、比较末梢的地方。荀子在《臣道》中说：“边境之臣处，则疆垂不丧。”意思是好好地治理边疆、治理边境，那么国家的边防就不会丢失，这就是“疆垂不丧”。

“垂”后来引申为旁边、下垂、垂挂、流传等意思。所谓“功败垂成”，是指差一点点就成功了的意思。“名垂千古”是指名声随着时间流传很久的意思。“垂青”是指上级对下级比较喜欢、器重的意思，以上对下为“垂”，也可组词“垂怜”、“垂爱”等。

“黄发垂髫，并怡然自乐”；“闲来垂钓碧溪上，忽复乘舟梦日边”

陶渊明在《桃花源记》中讲桃花源的景象时写道：“黄发垂髫，并怡然自乐。”其中“垂髫”是指头发刚刚垂下来，还未挽起来的七八岁的小孩子。

李白《行路难》诗中说：“闲来垂钓碧溪上，忽复乘舟梦日边。”这句诗表现了非常有精神自由度、精神放松愉悦、像山水画一样的场景。一个人很悠闲地来垂钓，忽然感觉像乘着船奔腾到大海，到了天边的感觉；前一句是现实之景，后一句是他的想像，这是现实和想像结合得很好的一首诗。“垂钓”是中国文人特别喜欢做的事，可以寄托意趣，多象征一个人在江湖之远悠然自得的心境。

“功败垂成”、“垂头丧气”、“永垂不朽”、“名垂千古”

“垂”字有贬义的用法也有褒义的用法。“功败垂成”、“垂头丧气”是它的贬义用法；“永垂不朽”、“名垂千古”则是它的褒义用法。

锤、棰、睡

“垂”字很多时候是作为声旁使用的，也有表意功能，比如“垂”加金属旁是铁锤的“锤”，加木字旁是木棰的“棰”，“垂”表示的是重量感。

“睡”左边是“目”，即眼睛，右边是“垂”。古代“睡”指的不是在床上睡觉，而是坐着打瞌睡。坐着打瞌睡的时候人的头自然会下垂。而躺下来睡觉叫“眠”，有很安稳、很舒适的感觉，所以平时我们说的“睡觉”其实是俗话。

理解了“垂”的本义，有助于理解以它为偏旁组成的其他字。

『日拱一卒，不期速成』

拱

本义：两只手抱拳前伸，行拱手礼

“拱”的本义是拱手，从它的篆书中可以看出，“拱”（）字是两只手合在一起的样子。

“拱”的右边是声旁“共”。甲骨文的“共”（）是两只手捧着一个器物的样子，所以“共”的本义是供奉。“拱”的动作也与此类似，其本义也是两只手抱拳前伸，行拱手礼。

该怎么行拱手礼

拱手礼是从“周礼”传下来的一种礼节。拱手起初是模仿奴隶戴着枷锁的样子，是为了表示自己的地位比别人低，表示对别人友好，几千年来就形成了完整的拱手礼。

行拱手礼时，需要注意几点才不会失礼。男性在抱拳的时候一般是用左手抱着右手，而女性是用右手抱着左手；如果是参加丧礼，就反过来，男性用右手抱着左手，而女性用左手抱着右手。除此之外，如果对方是长辈，抱拳的时候手要抱到比胸高一点的位置；如果对方是平辈就抱在胸前的位置；如果对方是晚辈，抱拳的手可以松开一些，不用抱得那么紧，稍微用掌去碰一下就行了。

另外，拱手礼在江湖上使用得比较多，动作上也有一些变形，以左手为掌，右手为拳，然后搭在一起。

“拱楼”、“垂拱而治”、“众星拱月”

由于拱手礼是双手抱拳，两臂形成弧形，后来人们就把有弧形的东西都称为“拱”，如拱楼、拱桥等。所以“拱”的引申义就是弧形。

另外，“拱”还有前进的意思，比如“向前拱”、“拱一拱”。我们经常说“肥猪拱门”，就是往前拱，用力地向前推进。

古代的大臣常希望帝王能够“垂拱而治”，这个成语来源于《尚书》：“惇信明义，崇德报功，垂拱而天下治。”意思是说要想治理好国家，就要讲究信、义、德、公；做到这些，统治阶层就可以无为而治了。“垂拱而治”中的“拱”也用到了其拱手的本义，引申为不费力气的样子。

我们还常说“众星拱月”，这里的“拱”有保卫、环绕的意思。拱手的动作就好像把一个东西抱在中间的样子，古人说“拱卫京师”，就是调集各地的军事力量保卫中央政权。所以“拱”的保卫、环绕的意思也是从其本义拱手的动作引申出来的。

“日拱一卒，功不唐捐”；“可十年不将军，不可一日不拱卒”

在下象棋的时候我们经常会说“拱卒”。象棋规则中，卒子只能前进不能后退，“拱卒”就是把卒子向前拱向对手的地盘。有一句俗语叫“日拱一卒，不期速成”，意思是每天我都坚持认真地做事，不期望很快就能达到成功。

胡适先生也说过这样一句话：“日拱一卒，功不唐捐。”意思是每天都去做一件事情，点点滴滴积累下来的功夫不会白费。民间还有一种说法叫“可十年不将军，不可一日不拱卒”，讲的也是做事要有耐心，每天进步一点，每天都在前进，“拱”在这里有前进的意思。

所以“拱”字意味着我们每天都在精进的过程当中。佛教中有“六度般若”的说法，其中一度般若叫“精进般若”，意思是每天都要进步，今天比昨天要进步一点。

平

『修身齐家治国平天下』

本义：号音稳定悠长，没有起伏变化，表示一切平安

“公平”的“平”字在古代有个孪生兄弟——“乎”。它们不仅现在的写法很接近，甚至在金文中都容易被混淆，金文的“平”写为，“乎”写为。

不过这两个字的确有着天然的近亲关系，因为“平”和“乎”都表示吹号子的声音。声音比较高亢紧急的，是“乎”；而声调悠长稳定，没有起伏的，是“平”。

号角在古代是干什么用的呢？是用声音告诉远距离的人部落里的具体情况。当部落里发生紧急情况的时候，吹号角的声调要高亢；当部落转危为安时，吹的声调则相应悠长稳定，这也是“平”的本义。

“平安”、“平等”、“水平”

“平”后来引申为平安，因为它的音调很平稳，没有高低起伏。

它的另一个引申义是平等。我们常说“一碗水端平”，意思是看一个人做事能否让所有的人心里都很平衡，所有的人都满意。这也表现了一个人为人处世的水平。

古时候地方官判案就特别讲究，除了要合情还要合理；除了要讲究法律，还得讲究当地的民风习俗，这样才能让老百姓口服心服，才能皆大欢喜。

怎样才能做到“修身齐家治国平天下”

中国的传统智慧中有“修身齐家治国平天下”。“修身”是从自己做起，以德服人，提高自己的修养和水平。

“修身”之后你才能够影响周围的人，首先受影响的是你的家人，这样你就能够“齐家”。

影响了家人之后，你才能够影响家人以外的同胞，乃至影响国家。

古时候的国家往往是一个小地区，可能只有现在的一个小镇子那么大，所以仅仅影响一个国家的人还不够，还要影响本地之外的人，让天下的人都自发地佩服你，遵从你，这就叫“平天下”。

对于“平天下”，大家历来有一种误解，认为“平天下”就是要讨伐天下，用武力让所有人都服从一个人，但实际上这是一种霸权。

而真正的“平天下”是让所有人都感受到公平，感受到平等和正义。所以“平天下”并不是统一天下，解放全人类，而是让所有的人能够感受到公平和正义，能够感受到平等、自由、生而为人的权利，这才是儒家思想的真正理念。

章

做人做事，没有章法就不靠谱

本义：用工具在玉上雕刻出图案和文字

“章”字现在的写法是“立早章”，但它在金文、篆文等古字中并不是“立早”的结构。关于“章”字的写法，有两种说法，一种说是根据篆书，一种说是根据金文。

在篆书中，“章”（）是“音”和“十”的结构。

《说文解字》说：“乐竟为一章，从音从十。十，数之终也。”意思是一段音乐完成了，就称为一章。而“十”是人类最古老的符号之一，数字的极致。所以“章”的上面是“音”，下面是“十”。

但据古文字专家考证说，“乐竟”是后起意，“章”不是“从音从十”，而是“从辛从田”。“辛”代表一种工具，有的时候也比喻武器或锐器，总之比较尖锐，是能够刻画图案的工具。“田”是制玉时的一个图样。

所以“章”的本义是用尖锐的工具制玉，即用工具在玉上雕刻出图案和文字。

“章”是用能够代表个人身份和权威的玉做的图章（战国之前的“章”都称为“玺”）。

“璋玉”、“彰显”、“文章”、“章法”、“有文无章”

“辛”在金文中的写法像一个钉子（），也写为，它向下插入有横竖刻痕的圆圈——“田”。但是在篆文中，把“田”中间的一竖搞丢了，就变成了“日”，所以“章”在篆文中出现了一些讹变。

“章”字还有两个写法，一是“章”的左边加王字旁，即“璋”，是明亮的意思，也指一块玉，叫作“璋玉”。

第二种写法是在“章”的右半边加三撇，即“彰”，代表光明或使某物发光。我们常说“彰显”什么，比如说彰显自己的能力，彰显一个国家的荣誉。

我们常用“文章”一词，“文”指的是制玉时描绘的纹理；“章”指的是制玉时刻画出来的痕迹。所以，在世界上留下痕迹，呈现出它的纹理、规律，这就叫“文章”。

有时候我们会指责一个人做事没有“章法”，“章法”是一个事物的法度、规矩。

有时候“章法”也可以理解为结构，比如“有文无章”，就是有文采，没有章法，不懂结构安排。有的人说“文”代表着修辞，而“章”代表着结构和逻辑，也有一定的道理。所以要写得一手好文章，就必须知道什么是文法，什么是章法。章法更注重结构，而文法更注重修辞，懂得文章之道，才能经天纬地，在天地间，写一篇大文章。

我们欣赏中国书法和中国绘画的时候，有些人就说，印章好不好，题款怎么样，可能比一个作品的主体更为重要，所以行家看门道，就会专门去看这个印章。

总释

『坐朝问道，垂拱平章』

“坐朝问道”是君臣上朝坐下来共同商讨国事，这是秦始皇立的规矩。在秦始皇之前，君臣之间往往都是站着，互相平等地去讨论国家大事，有点像西方古罗马的广场式的讨论。到了秦始皇时，君臣就都坐下来讨论事情。有一个故事是说，到了宋代，有一次上朝时，群臣起立向皇帝行礼后再想坐下时，发现凳子都被太监给撤走了，从此以后再上朝议事就变成了君王坐着，文武大臣都站着。总之，随着皇权的稳固，君臣之间会产生更强烈的尊卑关系。

“垂拱平章”是君主坐朝临政，与群臣共商国是，垂衣拱手，无为而治，天下太平，政绩彰明。所以这句话描绘的是一幅盛世的太平景象。

拾伍

CHAPTER 15

『爱育黎首，臣伏戎羌』

“爱育黎首，臣服戎羌”，由于汉字有概括能力，这句话要翻译成大白话就是：爱抚、体恤老百姓，使四方各族的人都俯首称臣。

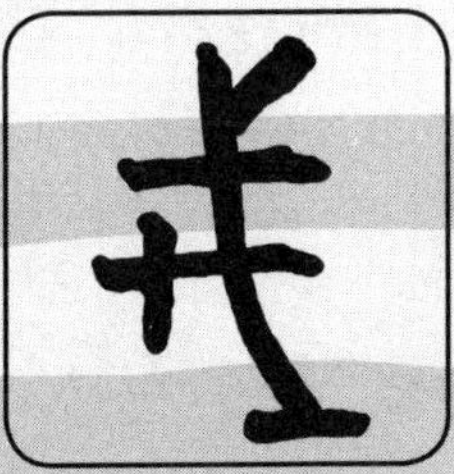
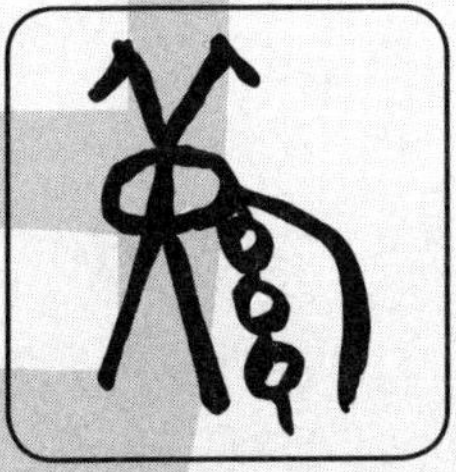

爱

『爱』本来有『心』
还是无『心』

本义：吃饭吃多了，胃和心都不舒服

对于爱情的“爱”字，我有几个观点和现在的人不太一样。有的人认为简体字的“爱”把繁体字“愛”的“心”简化掉了，变成了“无心的爱”，所以认为这个简化字不好。但我认为，无心才更能代表“爱”的本义，因为有心之爱是一种贪爱。“爱”有一种本义是“心有所贪得”，所以就写作“愛”。为什么说是心有所贪得？因为在金文的写法中，“爱”（）上面是“旡”，像一个跪着的人把头向后仰，防止别人看见。他是在做什么呢？他是因为贪吃，吃多了，所以在打嗝；“爱”字的下面是“心”。

所以“爱”是什么意思？有人认为“爱”的本义是吃饭吃多了，胃和心都不舒服——中医里的说法叫“嗳气”，即因为吃多了心里不舒服，胃里也翻腾，气往上涌。所以“爱”的意思是“心有所贪得也”。

“心有所贪得也”，是民国时期北大的教授陈独秀的说法，他认为“爱”最初的意思并没有现在我们想像的那么美好，甚至是稍微有点贬义的。

“爱”能不能不要“心”

简体的“爱”也是有来历的，它并不是无缘无故简化的，而是从草书简化过来的。

《说文解字》说：“爱，行皃，从夊㤅声。”即“爱”是行走的样子。陈独秀认为这是指“当为有所贪恋而行迟”之意。他把“爱”说成是因为贪恋，所以走得慢；因为贪恋执著，所以不愿意走。因此，“爱”以前的意思带有一点点贬义，表示贪恋执著于某一事物。

比如说爱情。爱情会产生嫉妒，爱情会产生占有欲，爱情会产生执著，说的都是“爱”负面的效果。因此，假如“爱”字中有心，那么心就会不停地产生贪念和忌妒心。而“爱”的简体字把“心”简化掉了，使原本自私的“爱”成为了大爱，无私的爱。

爱有两种，一种是小我之爱，一种是大我之爱。小我之爱会产生贪、嗔、痴、慢、疑；大我之爱会让自己和万事万物联系在一起。

育

生下来，还要好好养大

本义：女子生小孩

在甲骨文的写法里，“育”（）左边是“人”（），右边是一个头朝下的小孩的形状，合起来是一个人半蹲着正在生小孩的样子。

而篆文写法里，“育”（）上半部分是一个，而最初的形状是倒写的“子”（），头朝下，腿朝上，即小孩儿的头要从母体中出来的状态。在它下面再加一个“月”，是表明小孩在慢慢长大，这是“育”的篆书意思。

所以，不管是从甲骨文还是从篆文的写法来看，“育”字的本义是生育，即女人生小孩。

“发育”、“养育”、“教育”

这个字后来演变成了“居”，所以“居”最早也指生育，后来引申为一个人半蹲着的样子，有“踞”的意思；再后来演变为停下来休息和停下来休息的房子，所以变成居住的意思。

“居”和“育”是同源字。所谓“安居”就是有房子，能休息，能修养身心，能生孩子。“居”这个字其实是“育”的本字。后来“育”这层孕育、生育的意思交给了“毓”。“毓”左边是一个“每”，“每”就是乳房很大，正在哺乳期的女人、母亲。而“育”的意思越来越转向“发育”、“养育”。所以“育”的含义也扩大了，除了生产之外，孩子还要抚养成人。所以我们又把它发展成“教育”。

“参天地而赞化育”

孔子说：“参天地而赞化育。”是什么意思？就是说我们要去领悟天地之间的奥秘，这叫“参天地”；而“赞化育”就是要去歌颂、赞美、领悟万物生长伟大的奥妙，在天地间探寻人与自然的关系。

还有一种解释是，“参”是“参与”、“加入”的意思，通俗点说是“帮把手”；“赞”的意思接近于“赞助”，也就是“帮助”。因此这句话的理解是，人要达到能够与天地同参，化育万物，成为天地大生命参与者的状态。

这是中国传统的一种智慧——法自然。只有向自然学习，人才能参与到自然的化育当中，这当然是一种很高的境界。

黎

不问鬼神问苍生

本义：收割庄稼

“黎”的本义是收割禾苗，所以它的金文写法为，左边是一棵缀满了颗粒的禾苗，右边是一把刀的形状，像是在收割庄稼的样子。后来“黎”字左边“禾”的写法发生了一些变化，它上面的颗粒形状不见了，而在“禾”的下面加了“水”。为什么加“水”呢？一种分析认为，浇灌庄稼要用水。另外一种分析认为，古人误把颗粒的形状写成了“水”（），那么这个写出来就成了，所以“禾”演变为“黍”（“黍”一种黄色的米，有时候大家也把它称为“稷”，“稷”是古代五谷杂粮里很重要的一种杂粮，在北方生长。“黍”右上边加立刀旁，就变成了黎明的“黎”）。

“黎民百姓”、“黧黑”：众多，黄中带黑的颜色

因此“黎”也指收割黍米。后引申为众多，因为一棵庄稼的颗粒很多。而我们常说的“黎民百姓”，指的就是众多的百姓。“黎”还引申为黄中带黑的颜色，也就是黍米的颜色，老百姓、庄稼人因为整天面朝黄土背朝天，风吹日晒，所以肤色也是又黑又黄。

有一个字，把“黎”的下半部分写成“黑”，就是“黧”，它是“黎”的异体字，专门指代肤色发黑。有个形容词叫“黧黑”，指的就是黄中带黑的颜色。

“黍”这种作物除了黑中带黄之外还有一个特点，就是黏性很大，《说文解字》中说：“黎，履黏也。”意思是“黍”可以做成制鞋时用的黏性很强的糨糊。

首

我们每个人都
是自己的首领

本义：头部

“首”是脑袋的意思。在甲骨文中，它主要指动物的头部。据瑞典汉学家林西莉考证，“首”甲骨文的形态和鹿的头部很像，在甲骨文中写法为，它有尖尖的嘴，大大的眼睛，头上还有像头发或者像角一样的形状，很像鹿的头部。

在后来金文的写法中，头部的眼睛慢慢变大，像“目”字，且眼睛上面的眉毛和头发夸张了，写为。

所以“首”字的本义是头部。

“元首”、“首都”、“自首”、“首先”

我们常说的国家元首，指的就是国家的最高领导，就像人体中头部的作用。而且“元”本身也有“首”的含义，指人的头部。所以“元首”是强调他是首脑的意思。

“首都”的“首”指头部，“都”是城的意思，所以“首都”就是政治中心。

我们还有一个词“自首”，就是把你的脑袋送上，拎着脑袋去交差，这叫“自首”。所以一个人犯了什么罪，经常说要去公安局自首，意思就是自己去低头认罪。

“首”是人身上最重要的器官，被称为元阳，即阳气最足的地方。婴儿在母体中最早发育成熟的是头部，它和人的生命状态是联系在一起的。

我们常说首先干什么，其次干什么，再次干什么，最后干什么。“首先”，就是从最重要的开始。

“首”加走之就变成了道路的“道”，也通领导的“导”（導），所以“首”是很重要的。我们每个人都是自己的首领，每个人都掌控着自己生活前进的方向。我们选择工作，选择朋友，选择生活等等，无时无刻不在作决策。因此我们要注意保持自己大脑的清晰，这是很重要的一件事情。

臣

学会『臣服』于当下

本义：臣服，甘拜下风

有个成语叫“俯首称臣”，意思是低下脑袋甘愿臣服。“臣”本来就有俯首的意思，因为在甲骨文的写法中，“臣”（）字是一只竖着的眼睛。

为什么会是一只竖着的眼睛呢？因为当人鞠躬、低头的时候，他的眼睛会从平视变为向上看。所以“臣”的本义是指臣服，甘拜下风。

“臣”有“奴隶”和“俯首称臣”两个用法

“臣”字最初有两个用法，第一是表明自己奴隶的身份，后来奴隶转变成家奴，而重要的奴隶就变成了家臣。

后来又变成在面对君主时自己俯首称臣的自称。君臣之间，君王会谦称自己是“孤”、“朕”，称孤道寡是表明自己很孤独，没有人给自己分担忧虑。而大臣们自称是“臣”，表明自己的地位比皇帝要低。

也有专家认为“臣”和“瞋”同源，即把眼睛睁得很大。且“臣”和“瞋”的发音也很接近。

学会“臣服”于当下

现代人往往非常傲慢，特别缺乏“俯首称臣”的能力，始终认为自己优于别人，喜欢批判社会，所以很难和当下和解。

其实，学会“臣服”于当下，与当下进行和解，你的内心就不会受到外界的扰动。

所以人在当下的时候，不要让心一直为未来而忧虑，或者为过去所做的事情纠结，这都不是臣服于当下的表现。所谓臣服于当下，就是坦然接受命运的安排，和命运达成和解。

一个人要学会对自我俯首称臣，不是对别人俯首称臣；要学会对天地俯首称臣。俯首称臣最后就是一种把我放空的状态，就是我没有那么重要。重要的是什么？重要的是通过“臣服”，我们可以把自我的那些执著的念头，那种傲慢的念头，甩掉、丢掉，就像丢掉一个包袱，丢掉一堆垃圾。这才叫活在当下。

什么是当下？此时此刻就是当下。所有的过去和未来，都是以当下的形式发生的。这也是金刚经所说“过去心不可得，未来心不可得”。只有专注于当下、臣服于当下、与当下合一，才能有更好的未来，也避免了患得患失。

伏

『伏笔』不是可有可无的

本义：人带着猎犬打猎，屏息埋伏，伺机出击

在金文的写法中，“伏”（）左边是一个人的形状；右边的图形就像一只猎狗，上面是头，下面是尾巴。因此“伏”这个字，就是一个人带着猎狗在打猎。

在远古时期，人类会面对很多危险，为了生存，人和动物之间需要互相配合，尤其要运用猎狗的嗅觉发现猎物。但很多时候，人和狗都在静静等待猎物，伺机出击。如果大摇大摆地寻找猎物，猎物就不会出现。所以“伏”的本义是人带着猎犬打猎，屏息埋伏，伺机出击。

“伏笔”

我们常说写文章要有伏笔，什么叫伏笔呢？即写某个事情的时候，我提了一句话或一个人，在后来的情节中这个人出现了，这就叫伏笔。

戏剧也是如此，有一种说法是，所有的道具都是有用的，如果墙上挂了一把猎枪，那么在后面的情节中这把猎枪一定会干掉某个人，猎枪就是一个伏笔。

下围棋的时候也是如此，有时候一步看起来像是闲子的棋，之后可能会变成一步战略性的棋子，通过它形成一个埋伏圈。

『戎马精神』

戎

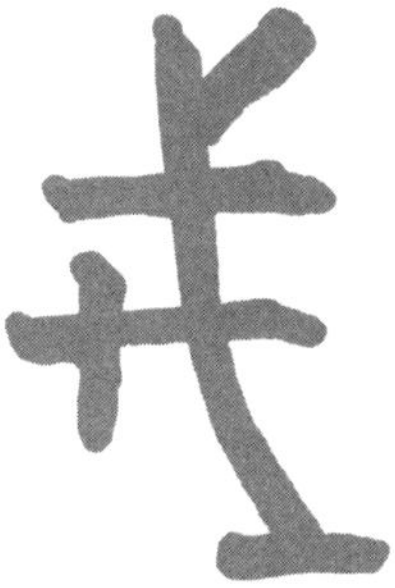

本义：戈戟与盾牌

“戎”甲骨文的写法为，右边是一个“戈”，表示冷兵器中的重武器，有长长的杆子，顶部的戈刃非常锋利。左下是一个“十”（），据专家考证，“十”在甲骨文的写法中代表盾牌，在篆文中，“十”又变成了“甲”（），士兵的甲胄。

所以“戎”的本义是戈戟与盾牌，这是古代士兵的基本装备。

“戎马”、“从戎”、“万里赴戎机，关山度若飞”

望文生义地理解“戎”，可以说是士兵手持着盾牌，拿着兵器的样子。所以戎是一种什么状态？是准备战争的状态。“戎马”连用就是指征战，“戎”是战士拿着武器，披着铠甲，拿着盾牌；“马”就是士兵所骑的战马。我们说一个人“从戎”，指的是去参军。

《木兰辞》中有句：“万里赴戎机，关山度若飞。”意思是我要从家乡度过重重关山，奔赴边疆的战场去打仗，表现了一种慷慨悲壮、视死如归的状态。

“西戎”：古代西边来犯的敌人

“戎”字还有一个意思，指西边来犯的敌人。古时候汉族人生活在中原地区，它的周边还生存着其他民族，北方的部族称为北狄，东边的部族称为东夷，南边的部族称为南蛮，西边的部族称为西戎。

羊身上细软的短毛叫“绒”。商王朝每年都会对西方的牧羊民族发动一场“减丁战争”，目的是让对方的壮年男性人口减少，使他们的武力削弱。这就像剪羊毛一样，把绒毛一次一次地剃掉。

羌

『羌笛何须怨杨柳，春风不度玉门关』

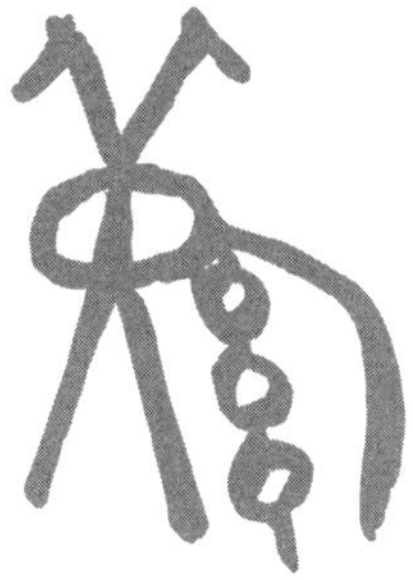

本义：牧羊人

在古代，西部的少数民族除了可以称为“戎”，还可以用“羌”来指代。我国的羌族人很多，主要分布在我国的西南、西北。

在甲骨文写法里，“羌”（）的上面是羊，中间是一串配饰，有点像缠着的丝结，下面是一个人。

所以“羌”是一个牧羊人的样子，因为从前的羌族人主要以放牧为生。他们习惯头戴动物形象的装饰品，有图腾的意味。所以牧羊人称为“羌”，而牧羊女称为“姜”，“羌”与“姜”是有关系的，且它们发的音都和“羊”接近。

“羌管悠悠霜满地”

唐代大诗人王之涣的《凉州词》中写道：“羌笛何须怨杨柳，春风不度玉门关。”“羌笛”是边疆少数民族吹奏的乐器，也称为胡笛。“羌管悠悠霜满地”的“羌管”也是指羌笛。这都是指古代在边关、塞外戍守的人听到了少数民族的音乐而想起了自己家乡的音乐，思乡之情顿生。

『爱育黎首，臣伏戎羌』

总释

由于汉字有概括能力，要是翻译成白话文就会失去本来的味道。白话文一个词组是一个意思，文言文一个字有好多层含义——义理蕴藏其中，越嚼越有味道。“爱育黎首，臣伏戎羌”这句话要翻译成大白话就是：爱抚、体恤老百姓，使四方各族的人都俯首称臣。

黎首代表黎民百姓，黎的本义是黍，引申为众多、数目很多的意思。戎羌是“南蛮，北狄，西戎，东夷”的简称，指中原以外，四方未曾教化的野蛮人，他们常常对中原虎视眈眈。中国的历史，很大程度上是与“戎羌”进犯以及媾和的结果。历次改朝换代，可以说都有各民族或部落势力推动的存在。此消彼则长，此积弱则彼积强。中医强调“正气内存则外邪不干”，治国也是这个道理，内部一腐朽则边疆就要起兵。西部和北部的戎羌也是游牧民族，本土资源不像农耕社会那么世代富积。游牧民族天性强悍，有忍耐力，善于骑射，面对中原的“花花世界”，有领先的物质文明和礼乐精神，谁能不动心呢？因此，中国的历史有一个隐性的规律，就是“对冲”，野蛮者入侵文明地带，然后被同化，这是一个“惩罚”和“规驯”交替的过程。野蛮者驯服文明者，文明者又用文化来反驯野蛮人。种族混合，基因改良，使先进的不至于太先进，落后的不至于太落后，历史回归中庸之道。对于个体生命而言，则在大历史中经历慷慨悲歌：“国破山河在，城春草木深”（杜甫）；“羌笛何须怨杨柳，春风不度玉门关”（王之焕）；“可怜无定河边骨，犹是春闺梦里人”（陈陶）。

我们的诗歌，我们的文化，都是从死人堆里爬出来、幸存下来的不灭的火种。此之谓薪火相传，传灯不绝。

各界名人联袂推荐

老师和家长更应该读《赳赳说千字文》。

——作家、文艺评论家　陈丹青

平生不识千字文，纵是英雄也枉然

——作家、编剧、出版人　野夫

作为才华优异的诗人、记者、作家，赳赳所著的《赳赳说千字文》给我们示范的是生活出入自如的德行。在本书中，他给我们讲述一个个汉字的来龙去脉，让我们回到根本的新生。感谢赳赳，他代我们重新打量、发现了汉字的考据、义理和辞章之美。

——诗人、学者　余世存

要让人们理解中国文化，还原汉字的本来面目，是极不容易的，但《赳赳说千字文》做到了。

——诗人、作家　冯唐

从眼认字，以心识字，《赳赳说千字文》，说的都是我们何去何从的观念。

——著名文化学者，北京师范大学教授、博士生导师　于丹

希望《赳赳说千字文》培养几个读书种子。

——当代著名学者、思想家　龚鹏程

提笔忘字的时代，忘掉几个汉字不可怕，但丢掉汉字的智慧和美学让人真正心痛和悲哀。赳赳的书会帮助你重新亲近汉字，爱上传统文化。

——中国领军公众号　十点读书

咬文嚼字，津津有味。古老的汉字充满智慧。

——歌手、音乐制作人　李健

让《赳赳说千字文》成为我们每天的早自习。

——演员、导演、监制、制片人　黄磊

让《起起说千字文》成为我们生活中的盐。

——演员　姚晨

字是草根，也是流云。《起起说千字文》，亦远亦近。

——著名媒体人、纪录片制作人　邓康延

对我而言，汉字是世界上最美丽的文字。方块字在我眼中，并非简单的信息载体，而是承载了中华民族古老灵魂的鲜活生命体。它们一个个能言善辩，既歌且舞，在中国五千年文明长河里生生不息，喧嚣奔腾。《起起说千字文》，说出了汉字的“生命”起源，值得一读。

——真格基金联合创始人　徐小平

看《起起说千字文》，重新认识汉字之美。

——创作歌手　叶蓓

《起起说千字文》，或许是孩子们理解传统文化的一个入口。

——资深媒体人　詹正凯

汉字，各有本义，然而，时隔数千年，音、形、意发生重大变化，须述其流变、探其本原、纠讹补偏。而《起起说千字文》就在做这件事。

——艺术家　徐冰

《赳赳说千字文》围绕一个字的考据、义理和辞章，并穿插各种文化知识、历史典故，讲透每一个汉字的前世今生与来龙去脉，力图提高人们对汉字的应用和审美能力。

——艺术家　尚扬

只知引申义，不知其本来意思，汉字就失去了它应有的魅力，成了个“工具”。不懂文字中的文化内涵，就是抱着金饭碗讨饭。

——媒体人　程益中

如果我们不能对自己的文字抱有根源性的认知，我们对自己的文化的热爱就会变得肤浅。

——烹饪大师　大董

认识字，不代表有文化。文化之于社会，90% 的人只是知道了这个“文”，而《赳赳说千字文》则是在教你“化”。

——日本筑波大学语言学博士、青年学者　akasode

图书在版编目（CIP）数据

赳赳说千字文 / 胡赳赳著. -- 广州 : 广东人民出版社, 2018.9

ISBN 978-7-218-13183-2

Ⅰ. ①赳… Ⅱ. ①胡… Ⅲ. ①古汉语－启蒙读物 Ⅳ. ①H194.1

中国版本图书馆CIP数据核字(2018)第212710号

JIU JIU SHUO QIAN ZI WEN

赳 赳 说 千 字 文

胡赳赳 著

出 版 人：肖风华

责任编辑：严耀峰 李辉华

特约编辑：马 松 宣佳丽 路思维 苑 然

装帧设计：紫图图书ZITO®

责任技编：周 杰 易志华

出版发行：广东人民出版社

地 址：广州市大沙头四马路10号（邮政编码：510102）

电 话：(020)83798714(总编室)

传 真：(020)83780199

网 址：http: //www.gdpph.com

印 刷：北京嘉业印刷厂

开 本：710mm × 1000mm 1/16

印 张：23.5 字 数：120千

版 次：2018年9月第1版 2018年9月第1次印刷

定 价：69.90元

如发现印装质量问题，影响阅读，请与出版社(020-83795749)联系调换。

售书热线：020-83795240